결국 쓰기력이 답이다

2단계 (초등 3~4학년 추천)

공부가 쉬워지는 글쓰기의 힘

2단계
초등 3~4학년 추천

결국

쓰기력이

답이다

20일이면 완성되는 글쓰기의 기적!

문해력을 완성시키는 결정적 쓰기력!

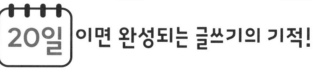

표현력을 키우는
글쓰기 습관

성적을 키우는
교과별 연계 학습

성취감을 키우는
하루 15분 플랜

Part 1

글쓰기가
쉬워지면
공부가
쉬워집니다!

20일이면 완성되는 쓰기력의 모든 것

✏️ PART 1. 서술형 시대의 쓰기력, 글쓰기가 쉬워지면 공부가 쉬워진다!
✏️ PART 2. 학업능력을 좌우하는 쓰기력, 내 것으로 만들기 [4주 완성]
✏️ PART 3. 부모님과 선생님이 함께 보는 쓰기력 지도법

1주	Chapter 1. 헷갈리기 쉬운 맞춤법			
공부한 날		공부한 내용	쪽수	확인
1일차	월 일	헷갈리기 쉬운 말 (되-, 돼- / 안-, 않-)	18쪽	○ △ X
2일차	월 일	뜻에 맞게 써야 하는 말 1 (드러내다, 들어내다 / 부치다, 붙이다)	22쪽	○ △ X
3일차	월 일	뜻에 맞게 써야 하는 말 2 (낫다, 낳다 / 늘리다, 늘이다)	26쪽	○ △ X
4일차	월 일	잘못 쓰기 쉬운 말 1 (어떻게, 어떡해 / 갔다, 같다, 갖다)	30쪽	○ △ X
5일차	월 일	잘못 쓰기 쉬운 말 2 (건드리다, 건들이다 / 바라다, 바래다)	34쪽	○ △ X

2주	Chapter 2. 헷갈리기 쉬운 띄어쓰기			
공부한 날		공부한 내용	쪽수	확인
6일차	월 일	꾸며주는 말 띄어쓰기	40쪽	○ △ X
7일차	월 일	조사 붙여쓰기 (-마저, -까지, -조차, -부터)	44쪽	○ △ X
8일차	월 일	의존 명사 띄어쓰기 (-데, -지, -만)	48쪽	○ △ X
9일차	월 일	단위를 나타내는 말 띄어쓰기 (순서·숫자)	52쪽	○ △ X
10일차	월 일	호칭을 나태내는 말 띄어쓰기 (-님, -씨, -군, -장군·박사 등)	56쪽	○ △ X

3주	Chapter 3. 속담, 사자성어, 관용어 활용하기			
공부한 날		공부한 내용	쪽수	확인
11일차	월 일	속담 바로 알기 1 (도둑이 제 발 저린다 / 꼬리가 길면 밟힌다)	62쪽	○ △ X
12일차	월 일	속담 바로 알기 2 (티끌 모아 태산 / 구르는 돌에는 이끼가 끼지 않는다)	66쪽	○ △ X
13일차	월 일	사자성어 바로 알기 1 (십시일반 / 반면교사)	70쪽	○ △ X
14일차	월 일	사자성어 바로 알기 2 (고진감래 / 용두사미)	74쪽	○ △ X
15일차	월 일	관용어 바로 알기 (시치미를 떼다 / 발이 넓다)	78쪽	○ △ X

4주	Chapter 4. 교과별 글쓰기 실전 연습			
공부한 날		공부한 내용	쪽수	확인
16일차	월 일	국어 교과서 글쓰기 1 (생활문)	84쪽	○ △ X
17일차	월 일	국어 교과서 글쓰기 2 (제안하는 글)	88쪽	○ △ X
18일차	월 일	수학 교과서 글쓰기 (문장제 답안)	92쪽	○ △ X
19일차	월 일	사회 교과서 글쓰기 (논설문)	96쪽	○ △ X
20일차	월 일	과학 교과서 글쓰기 (설명문)	100쪽	○ △ X

쓰기력이 강해지면 공부가 쉬워진다

- 평생을 가는 맞춤법, 띄어쓰기, 표현법 정확히 익히기
- 주제별 글쓰기 실전 연습을 통해 목적에 맞는 글쓰기 능력 향상
- 부모님과 선생님의 질문식 지도로 홈스쿨링 강화하기

1단계 문장 표현 정확히 알기 ▶

맞춤법, 띄어쓰기, 속담, 관용어 등 헷갈리기 쉬운 문장 표현을 정확히 이해할 수 있게 문장력의 기초를 다집니다.

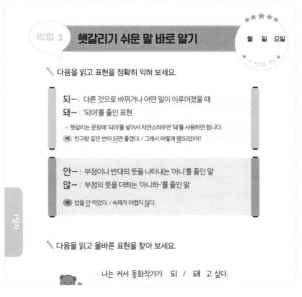

2단계 빈칸 채워가며 문장력 향상시키기 ▶

간단한 빈칸 형식의 문제를 풀어보며 문장력을 향상시키는 데 필요한 정확한 표현법을 숙지합니다. 이로써 글쓰기에 대한 자신감을 더욱 키울 수 있습니다.

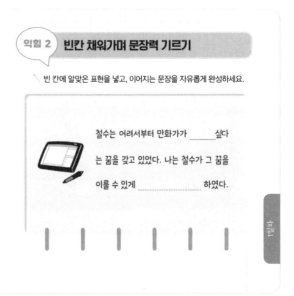

3단계 나만의 완성된 글 써보기 ▶

주어진 표현법을 활용해 짧은 문장 글쓰기를 시작하여 쓰기력의 기초를 다지고 쓰기에 대한 부담을 줄여줍니다.

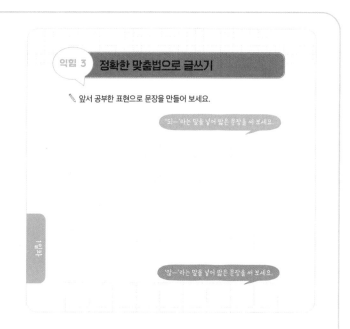

4단계 주제별 글쓰기 실전연습 ▶

목적에 맞는 글쓰기를 직접 시도해 보고 다듬어가며 완성도 있는 글쓰기에 도전합니다.
또래 친구의 글을 예시로 하여 글쓰기의 감을 익힐 수 있습니다.

5단계 질문식 지도로 문장력이 쑥 ▶

교과서별 글쓰기에 대한 부모님, 선생님의 질문식 지도로 자기 생각을 글로 표현할 수 있는 가이드라인을 제공합니다.

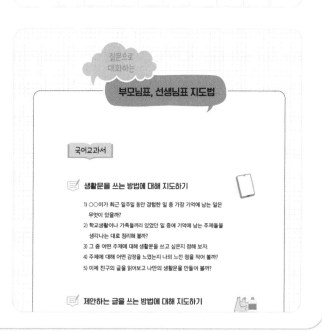

1. 글쓰기가 두려운 아이들, 서술형 시대를 만나다.

글쓰기가 어려운 이유

글쓰기란 무언가를 읽고 생각한 뒤 자신의 문장으로 표현하는 종합적인 과정을 의미합니다. 이 과정에서 어휘력, 독해력, 사고력, 창의력이 모두 발휘되어야 하는 만큼 아이들에게 글쓰기는 어려울 수밖에 없는 영역이 분명합니다. 더구나 어려서부터 미디어를 접하고 짧은 형식의 콘텐츠에 익숙한 아이들에게 긴 글로 자신의 생각을 풀어내기란 여간 어려운 일이 아닙니다. 초등학생 자녀를 둔 학부모님들을 대상으로 설문조사를 실시한 결과 학부모님들의 가장 큰 고민은 아이들의 쓰기력에 있었습니다.

쓰기력이 경쟁력이 되는 시대

문제는 현재의 교과과정은 쓰기력을 갖춘 학생이 성공할 수 있는 시스템이라는 점입니다. 지금은 바야흐로 서술형 시대라 부를 수 있습니다. 교과과정에 있는 모든 문제들이 긴 지문으로 이루어져 있고, 답안 또한 문장 형식으로 완성해야 합니다. 수학과 영어를 공부함에 있어서도 문장을 제대로 쓰고 이해할 수 있어야 좋은 학업 성과를 기대할 수 있습니다. 글쓰기를 싫어하는 아이들, 글쓰기를 요구하는 학업 과정 사이에서 어떻게 해야 쓰기력을 향상시킬 수 있을까요? 이 책은 그에 대한 해답을 제공하고자 합니다.

2. 매일매일의 쓰기력이 성공을 좌우한다.

쓰기력을 향상시키는 방법은 다음과 같습니다.
첫째, 매일 15분씩 글쓰기 습관 들이기
둘째, 또래 친구가 쓴 글을 따라 써보며 글쓰기의 감 익히기
셋째, 나만의 문장으로 글쓰기를 완성하며 성취감 높이기

이렇게 매일매일 글을 쓰고 완성시키는 경험 속에서 아이들의 글쓰기 자신감은 부쩍 자라 있을 것입니다. '결국 쓰기력이 답이다'는 쓰기에 강한 아이들로 성장할 수 있는 밑거름을 마련하고자 합니다.

❶ 쓰기에 필요한 표현법을 정확히 익힌다.

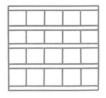

📖 맞춤법, 띄어쓰기, 사자성어, 관용어 등 글쓰기에 필요한 배경지식을 탄탄히 다질 수 있게 구성되어 있습니다. 올바른 표현법을 숙지하고 글을 쓰는 만큼 글쓰기에 대한 자신감이 크게 향상됩니다.

❷ 빈칸 채우기를 통해 쓰기 동기를 키운다.

📖 바로 글쓰기에 돌입하기 어려운 아이들을 위해 빈칸 채우기 형태로 쓰기에 가까워질 수 있게 구성하였습니다. 빈칸을 채워가며 창의력, 사고력을 기르고 쓰기 동기를 키워 글쓰기에 대한 두려움을 없애게 됩니다.

❸ 직접 문장을 써볼 수 있게 하여 쓰기력을 기른다.

📖 짧은 글쓰기부터 실전 글쓰기까지 자신이 직접 문장을 써볼 수 있게 유도하여 실질적인 글쓰기 능력을 향상시키는 데 중점을 두었습니다. 스스로 글쓰기를 해결해나가는 경험을 제공합니다.

❹ 친구가 쓴 글을 따라 쓰며 문장력을 향상시킨다.

📖 또래 친구가 쓴 글을 보며 문장 표현과 쓰기 형태를 다양하게 확장시킬 수 있습니다. 받아쓰기 형태로 올바른 글쓰기 연습도 병행할 수 있어 학생들의 필력 향상과 예쁜 글쓰기에 도움을 줍니다.

❺ 쓰기력 단시간 완성 학습로드맵이 분명하다.

📖 하루 15분이면 완성되는 단시간 학습 로드맵으로 구성되어 아이들이 지루하지 않게 글쓰기에 흥미를 높일 수 있습니다. 매일매일의 꾸준함이 더해져 아이들의 글쓰기 능력을 크게 향상시킬 수 있습니다.

❻ 교과 연계 중심의 글쓰기 훈련이 이루어져 교과에 도움을 준다.

📖 국어, 수학, 사회, 과학 교과서와 연계된 글쓰기 연습을 하며 교과 성적 향상에 도움을 줍니다. 학교 수업과 연관성을 찾고 아이들의 공부가 쉬워지는 데도 큰 도움을 줄 수 있습니다.

초등 단계별 쓰기력 발달 과정

단계	단계별 발달 특징	글쓰기 지도 방식
P단계 (예비 초등 1학년)	• 책읽기를 좋아하고 쓰기에 처음 관심이 생김 • 상상력이 풍부하고 호기심이 많음	📝 받아쓰기를 통해 기초적인 문장 표현을 익힐 수 있게 지도한다. 📝 상상력과 창의력을 자신만의 글로 풀어낼 수 있게 그림과 글을 혼합한 글쓰기 형태를 제시한다.
1단계 (1, 2학년)	• 자기 경험을 말하기 좋아하고 칭찬받고 싶은 욕구가 강함 • 쓰기에 대한 의욕은 넘치나 표현력이 부족한 시기 • 분명한 생각은 있지만 '왜' 그런 생각을 했는지까지는 글로 쓰기 어려워함	📝 맞춤법, 띄어쓰기 등 표현력이 부족한 부분을 보완할 수 있게 기초를 탄탄히 다진다. 📝 '왜'라는 질문을 던져 자신의 생각을 뒷받침할 수 있는 문장을 써볼 수 있게 지도한다.
2단계 (3, 4학년)	• 책읽기에 대한 편식이 생기고 학습 능력 격차가 벌어짐 • 자신이 경험한 일을 이야기 하기 좋아함 • 글씨체가 흐트러지기 쉬운 시기	📝 자신이 경험한 일을 글로 써 볼 수 있게 하여 글쓰기에 대한 자신감을 높인다. 📝 글씨체가 흐트러지지 않게 올바른 서체의 글을 받아쓸 수 있게 연습시킨다.
3단계 (5, 6학년)	• 비판적 사고가 발달하고, 논리적 표현 능력이 향상되는 시기 • 학습 의욕에 편차가 생겨 글쓰기에 대한 의욕이 상실되는 경우 발생	📝 보다 다양한 유형의 글쓰기를 시도하며 논리적 표현 방법을 완전히 익히도록 한다. 📝 글쓰기에 대한 동기부여를 하여 학습 의욕과 글쓰기 의욕을 향상시킨다.

결.쓰.답의 쓰기력 향상 PROCESS

어휘력, 문해력 향상

다양한 유형의 지문
읽기를 통한 문해력 학습

교과 과정에 맞춘
단계별 어휘력 학습

쓰기력 향상

짧은 글쓰기
+
교과별 실전 글쓰기

또래 친구가 쓴 글 받아쓰기로
문장력 업그레이드

어휘력

- 중심 어휘
- 관련 어휘
- 어휘 활용

문해력

- 내용 이해
- 관련 어휘
- 제목 짓기

쓰기력

- 표현 이해
- 문장 쓰기
- 받아 쓰기

독해력

- 지문 이해
- 관련 어휘
- 독해 문제

Part 2

학업능력을
좌우하는
쓰기력
내 것으로 만들기

Chapter 1.

헷갈리기
쉬운
맞춤법

헷갈리기 쉬운 말 바로 알기

★ 내 싸인을 해요 ★

✎ 다음을 읽고 표현을 정확히 익혀 보세요.

되— | 다른 것으로 바뀌거나 어떤 일이 이루어졌을 때

돼— | '되어'를 줄인 표현

★ 헷갈리는 문장에 '되어'를 넣어서 자연스러우면 '돼'를 사용하면 됩니다.

예 친구랑 같은 반이 되면 좋겠다. / 그래서 어떻게 됐(되었)어?

안— | 부정이나 반대의 뜻을 나타내는 '아니'를 줄인 말

않— | 부정의 뜻을 더하는 '아니하-'를 줄인 말

예 밥을 안 먹었다. / 숙제가 어렵지 않다.

✎ 다음을 읽고 올바른 표현을 찾아 보세요.

• 나는 커서 동화작가가   되 /   돼   고 싶다.

• 바닥에 떨어진 걸 주워 먹으면 안   되 /   돼 .

• 나는 숙제를 전혀 하지   안 /   않   았다.

• 엄마는 귀신이 하나도   안 /   않   무섭다고 하셨다.

빈칸 채워가며 문장력 기르기

빈 칸에 알맞은 표현을 넣고, 이어지는 문장을 자유롭게 완성하세요.

철수는 어려서부터 만화가가 _____싶다

는 꿈을 갖고 있었다. 나는 철수가 그 꿈을

이룰 수 있게 _____ 하였다.

| | | | | | |

시험 공부를 하나도 _____ 했더니 모르는

문제가 너무 많이 나와서 당황하였다.

그래서 나는 _____ 하였다.

1일차

19

정확한 맞춤법으로 글쓰기

✏️ 앞서 공부한 표현으로 문장을 만들어 보세요.

'되—'라는 말을 넣어 짧은 문장을 써 보세요.

1일차

'않—'라는 말을 넣어 짧은 문장을 써 보세요.

또래 친구가 쓴 글 살펴보기

✎ 친구가 쓴 문장을 한 글자씩 따라 써 보세요.

되—

	새		학	기	에	도	
가	장		친	한		친	구
와		같	은		반	이	
되	어	서		기	쁘	다	.

않—

	오	늘		숙	제	를	
하	지		않	아	서		선
생	님	께		혼	이		났
다	.						

내 싸인을 해요

✎ 다음을 읽고 표현을 정확히 익혀 보세요.

드러내다

숨겨져 있던 것이 나타나거나 밝혀지다.

예 진실이 <u>드러나다</u>.

들어내다

물건 등을 들어서 밖으로 옮기다. 쫓아내다.

예 이삿짐을 밖으로 <u>들어내다</u>.
저 사람을 <u>들어내라</u>.

부치다

❶ 편지 등을 보내다.
❷ 어떤 문제를 맡기다.
❸ 음식을 익히다.

붙이다

❶ 서로 떨어지지 않게 하다.
❷ 불을 일으키다.

✎ 다음을 읽고 올바른 표현을 찾아 보세요.

• 구름이 걷히고 산이 제모습을   드러냈다   /   들어냈다   .

• 이사를 하면서 옛날 책상을   드러냈다   /   들어냈다   .

• 편지를   부치기   /   붙이기   위해 우체국에 들렀다.

• 화로에 불을   부쳐서   /   붙여서   고기를 구워 먹었다.

✏️ 빈 칸에 알맞은 표현을 넣고, 이어지는 문장을 자유롭게 완성하세요.

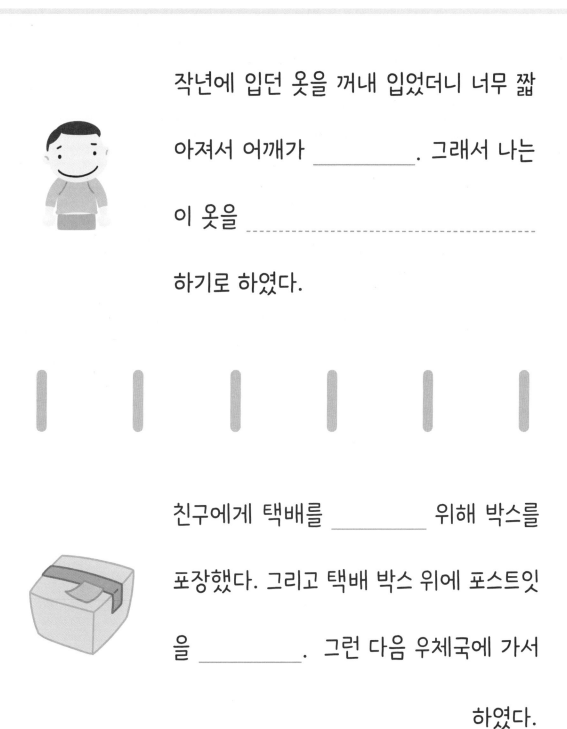

작년에 입던 옷을 꺼내 입었더니 너무 짧

아져서 어깨가 _____. 그래서 나는

이 옷을 ------------------------------------

하기로 하였다.

친구에게 택배를 _____ 위해 박스를

포장했다. 그리고 택배 박스 위에 포스트잇

을 _____. 그런 다음 우체국에 가서

------------------------------------ 하였다.

정확한 맞춤법으로 글쓰기

✎ 앞서 공부한 표현으로 문장을 만들어 보세요.

'드러나다'라는 말을 넣어 짧은 문장을 써 보세요.

'부치다'라는 말을 넣어 짧은 문장을 써 보세요.

또래 친구가 쓴 글 살펴보기

✏️ 친구가 쓴 문장을 한 글자씩 따라 써 보세요.

드러나다

	친	구	가		하	얀	
이	를		드	러	내	고	
웃	는		모	습	이		즐
거	워		보	였	다	.	

부치다

	편	지	를		부	치	기
전	에		우	표	를		붙
여	야		한	다	는		사
실	을		깨	달	았	다	.

✏️ 다음을 읽고 표현을 정확히 익혀 보세요.

낫다

① 병이나 상처가 아물고 괜찮아지다.
② 다른 것보다 더 좋거나 앞서 있다.

낳다

① 배 속의 아이, 새끼를 밖으로 내놓다.
② 어떤 결과를 가져오거나 나타나게 하다.

늘리다

넓이, 부피, 수, 시간 등을 처음보다 커지게 한다.

예 교실 규모를 늘리다. 학생 수를 늘리다. 공부 시간을 늘리다.

늘이다

처음보다 더 길어지게 한다.

예 고무줄을 늘이다.

✏️ 다음을 읽고 올바른 표현을 찾아 보세요.

• 감기가   낫기 / 낳기   위해서는 잘 먹고 쉬어야 한다.

• 우리집 고양이가 새끼를   나았다 / 낳았다 .

• 몸이 피곤하면 자는 시간을   늘려야 / 늘여야   한다.

• 키를   늘리기 / 늘이기   위해서는 운동을 해야 한다.

3일차

빈칸 채워가며 문장력 기르기

빈 칸에 알맞은 표현을 넣고, 이어지는 문장을 자유롭게 완성하세요.

유치원 때보다 그림 솜씨가 더 _____

고 하셨다. 하지만 나는 그 말을 듣고 _____

_____ 라고 생각했다.

| | | | | | |

나는 부모님께 이번 달부터 용돈을 _____

달라고 부탁하였다. 그러자 부모님께서는

_____ 하라고

말씀하셨다.

3일차

27

정확한 맞춤법으로 글쓰기

✎ 앞서 공부한 표현으로 문장을 만들어 보세요.

'낳다'라는 말을 넣어 짧은 문장을 써 보세요.

3일차

'늘이다'라는 말을 넣어 짧은 문장을 써 보세요.

또래 친구가 쓴 글 살펴보기

✎ 친구가 쓴 문장을 한 글자씩 따라 써 보세요.

낳다

	우	리	집		닭	이	
오	늘		아	침		알	을
낳	아	서		매	우		기
특	한		마	음	이		들
었	다	.					

늘이다

	새	로		산		바	지
가		너	무		짧	아	서
길	이	를		늘	이	기	로
하	였	다	.				

잘못 쓰기 쉬운 말 1 바로 알기

✎ 다음을 읽고 표현을 정확히 익혀 보세요.

어떻게 | ❶ 어떤 상태나 의견을 말할 때 　예 요즘 <u>어떻게</u> 지내?

　　　　 ❷ 방법이나 방식을 물을 때 　예 <u>어떻게</u> 가야 해?

어떡해 | '어떻게 해'의 줄임. 당황스러운 감정을 말할 때

★ 어떻게는 혼자 문장으로 쓸 수 없고, 어떡해는 혼자서도 문장이 될 수 있다.

갔다 | 장소를 이동하다. 　예 마트에 <u>갔다</u>.

같다 | 서로 다르지 않다. 　예 동생이 인형 <u>같다</u>.

갖다 | 물건을 손에 쥐거나 지니다. 　예 선물을 <u>갖다</u>.

✎ 다음을 읽고 올바른 표현을 찾아 보세요.

• 국어 공부는　어떻게 / 어떡해　해야 할까?

• 팝콘을 쏟았는데　어떻하지 / 어떡하지　?

• 혹 떼러　갔다 / 같다 / 갖다　혹 붙여 온다.

• 오늘은 비가 올 것　갔다 / 같다 / 갖다　.

• 엄마께 숙제를　갔다 / 같다 / 갖다　달라고 부탁했다.

빈 칸에 알맞은 표현을 넣고, 이어지는 문장을 자유롭게 완성하세요.

오랜만에 만난 친구가 그동안 _____

지냈냐고 물어봐서 _____

_____ 라고 답해주었다.

지난 주말에 부모님과 아쿠아리움에 놀러

_____. 그곳에 있는 물고기들이 꼭 인어

공주 _____고 생각했다. 아쿠아리움에

다녀온 뒤 일기에 _____ 라고 썼다.

4일차

정확한 맞춤법으로 글쓰기

✎ 앞서 공부한 표현으로 문장을 만들어 보세요.

4일차

'어떡해'라는 말을 넣어 짧은 문장을 써 보세요.

'갖다'라는 말을 넣어 짧은 문장을 써 보세요.

또래 친구가 쓴 글 살펴보기

✏️ 친구가 쓴 문장을 한 글자씩 따라 써 보세요.

어떡해

	학	교	에	서		체	육	을
하	다	가		시	계	를		잃
어	버	린		것		같	아	,
어	떡	하	지	?				

갖다

	생	일	선	물	로		그	토
록		원	했	던		장	난	감
세	트	를		갖	게		되	어
기	쁘	다	.					

4일차

33

내 싸인을 해요

✏️ 다음을 읽고 표현을 정확히 익혀 보세요.

5일차

건드리다 (○)	건들이다 (×)
① 상대방의 마음을 상하게 만들다. ② 손으로 만지거나 무엇으로 대다. ③ 일에 손을 대다.	'건드리다'의 잘못된 표기법

바라다	바래다
어떤 일이나 상태가 이루어지길 원한다.	시간이 지나 색이 흐려지고 변하다.
예 시험에서 합격하길 <u>바라다</u>.	예 종이의 색이 누렇게 <u>바래다</u>.

✏️ 다음을 읽고 올바른 표현을 찾아 보세요.

- 남의 물건을 함부로   건드리면 / 건들이면   안돼!

- 이 책 저 책   건드려 / 건들여   봤지만 읽지는 못했다.

- 우리의 우정이 영원하길   바라 / 바래 .

- 지나간 세월 만큼 책이   바라져 / 바래져   있었다.

빈칸 채워가며 문장력 기르기

빈 칸에 알맞은 표현을 넣고, 이어지는 문장을 자유롭게 완성하세요.

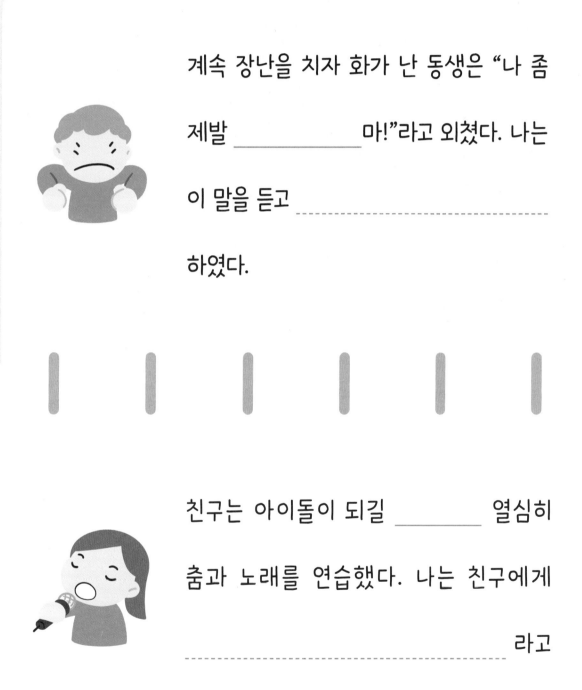

계속 장난을 치자 화가 난 동생은 "나 좀

제발 _____마!"라고 외쳤다. 나는

이 말을 듣고 _____

하였다.

친구는 아이돌이 되길 _____ 열심히

춤과 노래를 연습했다. 나는 친구에게

_____ 라고

이야기했다.

정확한 맞춤법으로 글쓰기

✎ 앞서 공부한 표현으로 문장을 만들어 보세요.

'건드리다'라는 말을 넣어 짧은 문장을 써 보세요.

5일차

'바라다'라는 말을 넣어 짧은 문장을 써 보세요.

또래 친구가 쓴 글 살펴보기

✎ 친구가 쓴 문장을 한 글자씩 따라 써 보세요.

건드리다

	화	가		난		사	자	를
함	부	로		건	드	리	면	
상	처	를		입	을		수	
있	다	.						

바라다

	우	리	가		고	마	움	을
표	하	자		아	주	머	니	께
서	는		보	답	을		바	라
고		도	운		게		아	니
라	며		괜	찮	다	고		하
셨	다	.						

5일차

37

Chapter 2.

헷갈리기

띄어쓰기

꾸며주는 말 띄어쓰기

✎ 다음의 띄어쓰기 규칙을 확인해 보세요.

'하얀 눈'과 같이 말하고자 하는 것의 소리나 모양, 색깔 등 꾸며주는 말은 띄어 씁니다. 꾸며주는 말은 어떤 대상이나 생각, 느낌을 자세하고 생생하게 드러낼 때 씁니다.

예 하얀∨눈이∨내린다.

얼음이∨꽁꽁∨얼다.

보글보글∨끓는다.

✎ 올바른 띄어쓰기를 찾아 보세요.

빨간∨색연필   빨간색∨연필

✎ 띄어쓰기에 맞게 빈칸을 채우고, 이어지는 문장을 자유롭게 완성하세요.

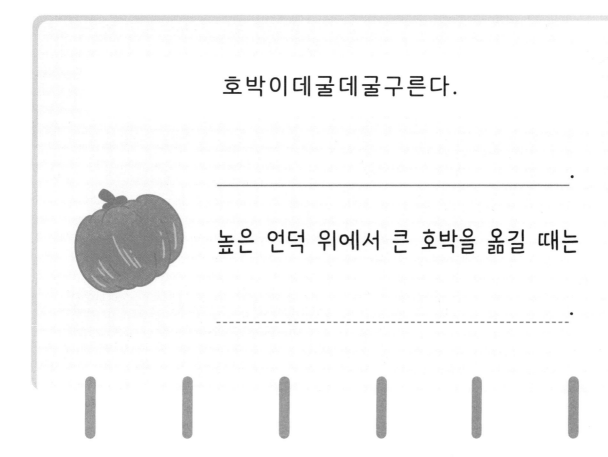

호박이데굴데굴구른다.

_____.

높은 언덕 위에서 큰 호박을 옮길 때는

_____.

| | | | | |

빨갛게익은딸기

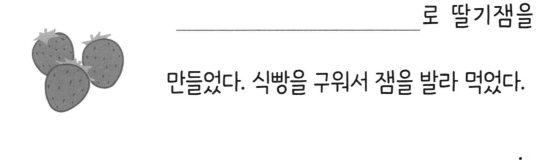

_____로 딸기잼을

만들었다. 식빵을 구워서 잼을 발라 먹었다.

_____.

6일차

정확한 띄어쓰기로 글쓰기

✎ 앞서 공부한 띄어쓰기에 맞게 문장을 만들어 보세요.

다음 문장을 띄어쓰기에 맞게 써 보세요.

활짝핀꽃

위의 문장을 넣어 짧은 글을 써 보세요.

또래 친구가 쓴 글 살펴보기

✎ 친구가 쓴 문장을 한 글자씩 따라 써 보세요.

다음 문장을 띄어쓰기에 맞게 써 보세요.

밝은별이반짝반짝빛난다.

| | 밝 | 은 | | 별 | 이 | | 반 | 짝 | 반 |
| 짝 | | 빛 | 난 | 다 | . | | | | |

위의 문장이 들어간 글을 따라 쓰세요.

	가	로	등	이		없	는
시	골	의		까	만		밤
하	늘	에		밝	은		별
이		반	짝	반	짝		빛
난	다	.					

조사 붙여쓰기

✎ 다음의 띄어쓰기 규칙을 확인해 보세요.

'-마저', '-까지', '-조차', '-부터'는 앞말과 붙여 써야 합니다.

'-마저, -까지, -조차'는 어떤 것에 더해지거나 하나 남은 마지막을
나타내는 뜻으로 쓰입니다.

'-부터'는 시작의 의미를 나타낼 때 쓰입니다.

예 너마저 ∨ 나를 ∨ 못 ∨ 믿는다.

파도에 ∨ 비까지 ∨ 내린다.

선생님조차 ∨ 그 ∨ 문제를 ∨ 틀렸다.

1부터 ∨ 10까지 ∨ 숫자를 ∨ 세다.

✎ 올바른 띄어쓰기를 찾아 보세요.

처음부터 ∨ 끝까지 ∨ 읽다.   처음 ∨ 부터 ∨ 끝 ∨ 까지 ∨ 읽다.

빈칸 채워가며 문장력 기르기

✎ 띄어쓰기에 맞게 빈칸을 채우고, 이어지는 문장을 자유롭게 완성하세요.

시험시간마저짧게느껴졌다.

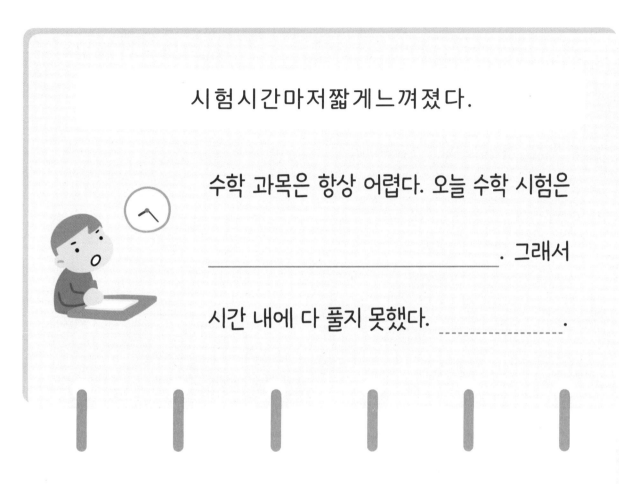

수학 과목은 항상 어렵다. 오늘 수학 시험은

_____. 그래서

시간 내에 다 풀지 못했다. _____.

12시부터1시까지점심시간이었다.

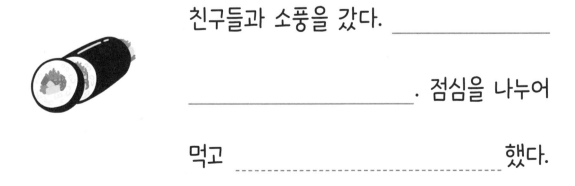

친구들과 소풍을 갔다. _____

_____. 점심을 나누어

먹고 _____ 했다.

정확한 띄어쓰기로 글쓰기

✎ 앞서 공부한 띄어쓰기에 맞게 문장을 만들어 보세요.

다음 문장을 띄어쓰기에 맞게 써 보세요.

상상조차하지못했다.

7일차

위의 문장을 넣어 짧은 글을 써 보세요.

또래 친구가 쓴 글 살펴보기

✎ 친구가 쓴 문장을 한 글자씩 따라 써 보세요.

다음 문장을 띄어쓰기에 맞게 써 보세요.

비가오고바람까지분다.

	비	가		오	고		바
람	까	지		분	다	.	

위의 문장이 들어간 글을 따라 쓰세요.

	태	풍	으	로		비	가
오	고		바	람	까	지	
분	다	.	거	센		바	람
에		하	나		남	은	
우	산	마	저		망	가	져
버	렸	다	.				

47

의존 명사 띄어쓰기

✎ 다음의 띄어쓰기 규칙을 확인해 보세요.

'-데', '-지', '-만/은' 의존명사로 앞말과 띄어 씁니다.

'-데'는 어떤 '장소'나 '것', '경우'를 나타낼 때 쓰는 말입니다.

'-지', '-만'은 시간이나 횟수를 나타내는 말과 같이 쓰입니다.

예 이곳은 ∨ 가본 ∨ 데다.

만난 ∨ 지 ∨ 오래되었다.

도착하고 ∨ 두 ∨ 시간 ∨ 만에 ∨ 떠났다.

8일차

✎ 올바른 띄어쓰기를 찾아 보세요.

여행을 ∨ 떠난지 ∨ 한참 ∨ 지났다.

여행을 ∨ 떠난 ∨ 지 ∨ 한참 ∨ 지났다.

빈칸 채워가며 문장력 기르기

✏️ 띄어쓰기에 맞게 빈칸을 채우고, 이어지는 문장을 자유롭게 완성하세요.

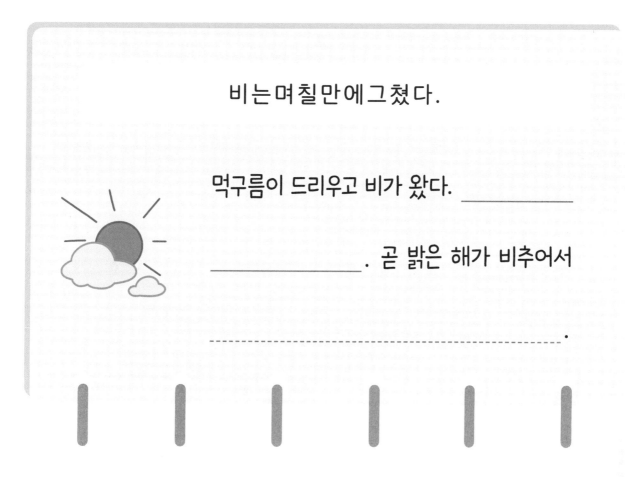

비 는며칠만에그쳤다.

먹구름이 드리우고 비가 왔다. _____

_____. 곧 밝은 해가 비추어서

--- .

이것은배가아픈데먹는약이다.

_____ .

상한 우유를 마시고 배탈이 나서 먹었다.

무더운 여름에는 _____ .

정확한 띄어쓰기로 글쓰기

✎ 앞서 공부한 띄어쓰기에 맞게 문장을 만들어 보세요.

다음 문장을 띄어쓰기에 맞게 써 보세요.

공부를시작한지일년이다.

8일차

위의 문장을 넣어 짧은 글을 써 보세요.

50

또래 친구가 쓴 글 살펴보기

✎ 친구가 쓴 문장을 한 글자씩 따라 써 보세요.

다음 문장을 띄어쓰기에 맞게 써 보세요.

책을읽는데일주일이나걸렸다.

	책	을		읽	는		데		일
주	일	이	나		걸	렸	다	.	

위의 문장이 들어간 글을 따라 쓰세요.

	이		책	은		영	어	로
쓰	여		있	어	서		어	렵
다	.	그	래	서		책	을	
읽	는		데		일	주	일	이
나		걸	렸	다	.			

8일차

51

✎ 다음의 띄어쓰기 규칙을 확인해 보세요.

'층, 반, 학년, 월'과 같이 어떤 것의 순서를 나타내는 말이나 숫자와 단위가 함께 쓰이는 경우 원칙은 띄어 쓰지만 붙여 쓰기도 가능합니다.

예 오∨층, 오층 　/　 5∨층, 5층
칠∨반, 칠반 　/　 7∨반, 7반
삼∨학년, 삼학년 　/　 3∨학년, 3학년
십이∨월, 십이월 　/　 12∨월, 12월
1∨개, 1개

✎ 올바른 띄어쓰기를 찾아 보세요.

빨랫줄에∨ 양말∨ 한켤레가∨ 걸려있다.

빨랫줄에∨ 양말∨ 한∨ 켤레가∨ 걸려있다.

빈칸 채워가며 문장력 기르기

✏ 띄어쓰기에 맞게 빈칸을 채우고, 이어지는 문장을 자유롭게 완성하세요.

4학년2반교실

4-2

_____은 1층이다. 계단

을 오르지 않아도 되기 때문에 _____

_____ .

강아지5마리

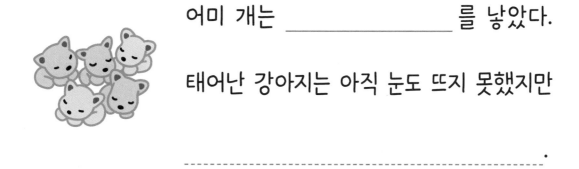

어미 개는 _____를 낳았다.

태어난 강아지는 아직 눈도 뜨지 못했지만

_____ .

정확한 띄어쓰기로 글쓰기

✏️ 앞서 공부한 띄어쓰기에 맞게 문장을 만들어 보세요.

다음 문장을 띄어쓰기에 맞게 써 보세요.

나는3학년동생은1학년

위의 문장을 넣어 짧은 글을 써 보세요.

9월차

또래 친구가 쓴 글 살펴보기

✏️ 친구가 쓴 문장을 한 글자씩 따라 써 보세요.

> 다음 문장을 띄어쓰기에 맞게 써 보세요.

겨울인12월은가장좋아하는계절이다.

	겨	울	인		12	월	은		가
장		좋	아	하	는		계	절	이
다	.								

* '12 V 월'도 올바른 표기입니다.

> 위의 문장이 들어간 글을 따라 쓰세요.

	겨	울	인		12	월	은	
가	장		좋	아	하	는		계
절	이	다	.	가	족	들	과	
함	께		하	얀		눈	이	
덮	인		스	키	장	에		놀
러		가	기		때	문	이	다	.

호칭을 나타내는 말 띄어쓰기

✎ 다음의 띄어쓰기 규칙을 확인해 보세요.

성과 이름은 붙여 씁니다. 그런데 -님, -씨, -군 등 이름 뒤에 부르는
말이나 장군, 선생님, 박사, 교수 등 직업을 나타내는 말은 띄어 써야
합니다.

예 김정민∨님   이민정∨씨
   김민철∨군   이순신∨장군
   최동철∨선생님   박지훈∨박사
   이지영∨교수

✎ 올바른 띄어쓰기를 찾아 보세요.

최서진∨님은∨유명한∨축구선수이다.

최서진님은∨유명한∨축구선수이다.

✎ 띄어쓰기에 맞게 빈칸을 채우고, 이어지는 문장을 자유롭게 완성하세요.

김민호군과김진호군

_____ 은 형제다.

같은 색 옷을 입으면 ----------------

얼굴에 점을 보고 구분한다.

ㅣ ㅣ ㅣ ㅣ ㅣ ㅣ

김교수는의사이다.

_____ 환자들의

아픈 곳을 꼼꼼히 살핀다. 환자들 사이에서

인기가 많은 분이다. 나도 ----------- .

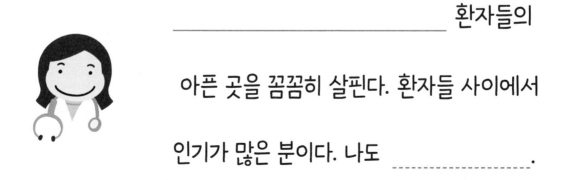

10일차

57

정확한 띄어쓰기로 글쓰기

✎ 앞서 공부한 띄어쓰기에 맞게 문장을 만들어 보세요.

다음 문장을 띄어쓰기에 맞게 써 보세요.

박민정양은수영을잘한다.

10일차

위의 문장을 넣어 짧은 글을 써 보세요.

익힘 4 또래 친구가 쓴 글 살펴보기

✎ 친구가 쓴 문장을 한 글자씩 따라 써 보세요.

다음 문장을 띄어쓰기에 맞게 써 보세요.

이순신장군위인전을읽었다.

	이	순	신		장	군		위	인
전	을		읽	었	다	.			

위의 문장이 들어간 글을 따라 쓰세요.

	이	순	신		장	군		위	인
전	을		읽	었	다	.	이	순	신
장	군	은		등	에		뾰	족	한
칼	이		있	는		거	북	선	을
만	들	어		바	다	에	서		적
을		물	리	쳤	다	.			

10일차

59

Chapter 3.

속담,
사자성어,
관용어

속담 바로 알기 1

✏️ 다음을 읽고 속담의 뜻을 정확히 익혀 보세요.

도둑이 제 발 저린다

잘못을 저지른 사람이 자기 잘못을 들키게 될까 긴장하여, 자기도 모르게 잘못을 드러내고 마는 것을 이르는 말입니다.

꼬리가 길면 밟힌다

한두 번은 남들 모르게 나쁜 짓을 할 수 있으나 오랫동안 계속하면 결국 들킨다는 뜻입니다.

✏️ 다음을 읽고 올바른 표현을 적어 보세요.

고 남의

물건을 훔친 도둑은 다리를 떨며 긴장하고 있다.

고 거짓말을

반복하던 양치기 소년은 결국 거짓말을 들키고 말았다.

빈칸 채워가며 문장력 기르기

✎ 빈 칸에 알맞은 속담을 넣고, 이어지는 문장을 자유롭게 완성하세요.

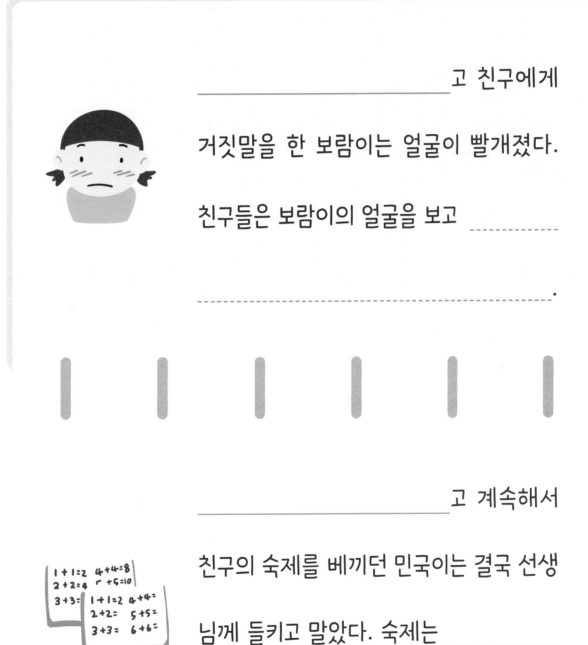

_____ 고 친구에게

거짓말을 한 보람이는 얼굴이 빨개졌다.

친구들은 보람이의 얼굴을 보고 ⌐ ⌐ ⌐ ⌐ ⌐

⌐ ⌐ ⌐ ⌐ ⌐ ⌐ ⌐ ⌐ ⌐ ⌐ ⌐ ⌐ ⌐ ⌐ ⌐ .

11일차

_____ 고 계속해서

친구의 숙제를 베끼던 민국이는 결국 선생

님께 들키고 말았다. 숙제는 ⌐ ⌐ ⌐ ⌐ ⌐

⌐ ⌐ ⌐ ⌐ ⌐ ⌐ ⌐ ⌐ ⌐ ⌐ ⌐ ⌐ ⌐ ⌐ ⌐ .

속담으로 글쓰기

✎ 앞서 공부한 속담으로 문장을 만들어 보세요.

11일차

‘도둑이 제 발 저린다’라는 말을 넣어 짧은 문장을 써 보세요.

‘꼬리가 길면 밟힌다’라는 말을 넣어 짧은 문장을 써 보세요.

또래 친구가 쓴 글 살펴보기

✎ 친구가 쓴 문장을 한 글자씩 따라 써 보세요.

도둑이 제 발 저린다

	도	둑	이		제		발
저	린	다	고		도	둑	은
경	찰	을		보	자	마	자
겁	을		먹	고		빠	르	게
도	망	갔	다	.			

꼬리가 길면 밟힌다

	꼬	리	가		길	면		밟
힌	다	고		왕	에	게		거
짓	말	만		하	던		신	하
는		결	국		감	옥	에	
갇	혔	다	.					

✎ 다음을 읽고 속담의 뜻을 정확히 익혀 보세요.

티끌 모아 태산

티끌은 티와 먼지라는 뜻으로, 먼지가 쌓여 큰 산이 되듯이 아무리 작은 것이라도 모으면 큰 것이 된다는 의미입니다.

구르는 돌에는 이끼가 끼지 않는다

물가에 있는 돌에는 이끼가 끼어있죠. 그러나 구르는 돌에는 이끼가 길 수가 없습니다. 부지런하고 꾸준히 노력하는 사람은 머물러있지 않고 계속 발전한다는 의미입니다.

✎ 다음을 읽고 올바른 표현을 적어 보세요.

이라고

매달 용돈을 1,000원씩 모았더니 나중에 친구 생일 선물을 살 수 있는 돈이 되었다.

고

매일 꾸준히 줄넘기를 했더니 감기에도 걸리지 않고 건강하다.

빈칸 채워가며 문장력 기르기

빈 칸에 알맞은 속담을 넣고, 이어지는 문장을 자유롭게 완성하세요.

_____ 이라고 한 사람

한 사람의 머리카락을 모아 아픈 친구들에

게 _____ .

| | | | | |

_____ 고

넘어져도 다시 일어서서 연습하던 영호는 유

명한 스케이트 선수가 되었다. 쉽게 포기하

지 않고 _____ .

12일차

정확한 속담으로 글쓰기

✎ 앞서 공부한 속담으로 문장을 만들어 보세요.

‘티끌 모아 태산’이라는 말을 넣어 짧은 문장을 써 보세요.

12일차

‘구르는 돌에는 이끼가 끼지 않는다’라는 말을 넣어 짧은 문장을 써 보세요.

또래 친구가 쓴 글 살펴보기

✎ 친구가 쓴 문장을 한 글자씩 따라 써 보세요.

티끌 모아 태산

	티	끌		모	아		태	산
이	라	고		다	람	쥐	는	
도	토	리	를		모	아		나
무		가	득	히		채	웠	다.

구르는 돌에는 이끼가 끼지 않는다

	구	르	는		돌	에	는		이
끼	가		끼	지		않	는	다	고
우	주	를		향	한		인	간	의
끊	임	없	는		도	전	으	로	
마	침	내		달	에		발	을	
내	딛	었	다	.					

✏️ 다음의 사자성어의 뜻을 정확히 익혀 보세요.

십시일반(十匙一飯)

밥 열 숟가락이 한 그릇이 된다는 것으로 여러 사람이 조금씩 힘을 합하면 한 사람을 돕기 쉽다는 뜻입니다.

반면교사(反面教師)

잘못된 가르침을 주는 스승을 의미하는 말로 다른 사람의 잘못이나 사물의 부정적인 면을 보고 깨달음을 얻는 것을 이르는 말입니다.

13일차

✏️ 다음을 읽고 올바른 표현을 적어 보세요.

헐벗은 산에   큰 나무를 심으니 금방

푸른 산이 되었다.

교통 신호를 지키지 않아 사고가 났다. 이를

　　　　삼아 사람이나 차가 없는 곳에서도 반드시

교통 신호를 지킨다.

✎ 빈 칸에 알맞은 사자성어를 넣고, 이어지는 문장을 자유롭게 완성하세요.

무너진 담벼락을 고치기 위해 _____

돌을 날랐다. 여러 사람이 함께 힘을 합쳐

일을 하니 _____.

| | | | | | |

동생이 차가운 아이스크림을 빨리 먹다 배

탈이 났다. 이번 일을 _____ 삼아

아무리 더워도 _____.

정확한 사자성어로 글쓰기

✎ 앞서 공부한 사자성어로 문장을 만들어 보세요.

'십시일반'이라는 말을 넣어 짧은 문장을 써 보세요.

13일차

'반면교사'라는 말을 넣어 짧은 문장을 써 보세요.

또래 친구가 쓴 글 살펴보기

✏️ 친구가 쓴 문장을 한 글자씩 따라 써 보세요.

십시일반

	자	연	재	해	로		피	해	를
입	은		사	람	들	을		위	해
십	시	일	반		필	요	한		것
을		모	으	니		많	은		물
건	이		모	였	다	.			

반면교사

	양	치	를		잘		안	해
서		이	가		썩	은		친
구	를		반	면	교	사		삼
아		구	석	구	석		깨	끗
하	게		양	치	를		했	다 .

73

사자성어 바로 알기 2

✎ 다음의 사자성어의 뜻을 정확히 익혀 보세요.

고진감래(苦盡甘來)

쓴 것이 다하면 단 것이 온다는 뜻으로, 고생 끝에 즐거움이 온다는 것을 이르는 말입니다.

용두사미(龍頭蛇尾)

용의 머리, 뱀의 꼬리로 시작은 거창하지만 끝은 보잘 것 없는 것을 의미합니다. 즉 처음은 좋았다가 갈수록 나빠지는 것을 말합니다.

14일차

✎ 다음을 읽고 올바른 표현을 적어 보세요.

라더니 포기하지 않고 열심히 노력해서 결국 좋은 결과를 얻었다.

영화의 시작은 재미있었지만 끝은 흐지부지해져서 관객들은 이 영화가   라고 비난했다.

74

빈 칸에 알맞은 사자성어를 넣고, 이어지는 문장을 자유롭게 완성하세요.

민석이 반 학생 모두 열심히 합창 대회

연습을 했다. _____라고 결국

전국 대회에서 _____.

| | | | | | |

여름 방학이 다가온다. _____가

되지 않도록 계획을 잘 지켜서 _____

_____.

14일차

75

정확한 사자성어로 글쓰기

✎ 앞서 공부한 사자성어로 문장을 만들어 보세요.

'고진감래'라는 말을 넣어 짧은 문장을 써 보세요.

14일차

'용두사미'라는 말을 넣어 짧은 문장을 써 보세요.

또래 친구가 쓴 글 살펴보기

✎ 친구가 쓴 문장을 한 글자씩 따라 써 보세요.

고진감래

	고	진	감	래	라	고		개	미
는		열	심	히		먹	이	를	
모	아	서		추	운		겨	울	을
배	불	리		지	낼		수		있
었	다	.							

용두사미

	민	수	는		마	라	톤		대
회	에	서		우	승	하	겠	다	고
큰		소	리	를		쳤	지	만	
시	작	한		지		얼	마	되	지
않	아		포	기	해	서		용	두
사	미	에		그	쳤	다	.		

77

관용어 바로 알기

✎ 다음을 읽고 관용어를 정확히 익혀 보세요.

시치미를 떼다

자기가 하고도 하지 아니한 체하거나 알고 있으면서도 모르는 체하는 것을 의미합니다.

발이 넓다

아는 사람이 많아 넓게 활동하는 것을 의미합니다.

✎ 다음을 읽고 올바른 표현을 적어 보세요.

 지혜는 유리컵을 깼지만 모른척   가

결국 잘못을 고백했다.

 내 친구는   . 우리 동네에는 내 친구

를 모르는 사람이 없다.

✎ 빈 칸에 알맞은 표현을 넣고, 이어지는 문장을 자유롭게 완성하세요.

지영이는 수업 시간에 지각했지만 아닌 척

_____ 가 선생님께 혼이 났다.

잘못을 했을 때는 ----------------------------

-------------------------------------- .

| | | | | |

그는 _____. 여기저기 다니며

다른 사람을 돕기 때문에 동네에 그를 아는

사람이 많다. 나도 ----------------------------

-------------------------------------- .

15일차

79

정확한 관용어로 글쓰기

✎ 앞서 공부한 관용어로 문장을 만들어 보세요.

'시치미를 뗐다'라는 말을 넣어 짧은 문장을 써 보세요.

15일차

'발이 넓다'라는 말을 넣어 짧은 문장을 써 보세요.

또래 친구가 쓴 글 살펴보기

✎ 친구가 쓴 문장을 한 글자씩 따라 써 보세요.

시치미를 뗐다.

	얼	굴	에		과	자		부
스	러	기	가		묻	은		줄
도		모	르	고		과	자	를
먹	지		않	았	다	고		시
치	미	를		뗐	다	.		

발이 넓다.

	지	영	이	는		영	어	도
잘	하	고		발	이		넓	다.
그	래	서		다	양	한		나
라	의		친	구	들	이		많
다	.							

15일차

Chapter 4.

교과별 글쓰기 실전 연습

국어 교과서 글쓰기 1 〈생활문〉

✎ 다음을 읽고 목적에 맞는 글쓰기 작성법을 익혀 보세요.

생활문을 어떻게 써야 할까?

❶ 생활에서 보고, 듣고, 느끼고, 경험한 것을 주제로 정한다.

❷ 경험한 사실과 함께 생각, 느낌을 자세히 적는다.

❸ 빗대어 표현하거나 대화문을 넣어서 글을 생생하게 표현한다.

❹ 너무 어렵지 않은 말로 자신의 생각을 솔직히 적는다.

❺ 문장을 이해하기 쉽도록 짧게 끊어서 쓴다.

생활문은 특별한 형식이 정해져 있지 않은 글입니다. 일기와 같이 자신이 보고, 듣고, 경험한 것들을 글감으로 하여 쓰는 글입니다. 자신의 생각이 분명하게 드러나는 글일수록 더 좋은 글이 될 수 있습니다.

생활문 Q&A

Q. 글감을 무엇으로 정해야 할지 모르겠어요.

A. 학교에서, 놀이터에서, 집에서 있었던 모든 일들이 생활문의 글감이 될 수 있습니다. 자유롭게 글감을 선정해보기 바랍니다.

Q. 경험한 사실과 나의 생각 중 무엇을 더 많이 써야 하나요?

A. 경험한 사실만 나열하는 것은 좋지 않습니다. 자신의 생각과 느낌이 많이 드러나도록 글을 구성해 보세요.

✏️ 빈 칸에 알맞은 표현을 넣고, 이어지는 문장을 자유롭게 완성해 보세요.

〈가족 여행〉을 주제로 생활문 쓰기

　나는 지난 주말에 가족들과 함께 바다에 놀러 갔다. 차를 타고 가는 길

에 하늘을 바라보니 구름이 두둥실 떠 있고, 해가 _____ 빛나

고 있었다. 바다에 도착하자, 시원한 파도가 우리를 반갑게 맞이해주

었다. 바다에서 한바탕 물놀이를 하고 맛있는 음식도 먹으니 기분이 정

말 좋았다. 우리 가족은 바다를 향해 _____ 라고 소리 질렀다.

나는 바다를 보며 _____ 라고

생각했다.

16일차

정확한 표현으로 글쓰기

✎ 다음의 글감을 바탕으로 자신만의 생활문을 완성해 보세요.

나의 소중한 친구 자랑하기

제목

16일차

또래 친구가 쓴 글 살펴보기

✎ 친구가 쓴 문장을 한 글자씩 따라 써 보세요.

| 제목 | 내 친구는 축구왕! |

	내		친	구	는		우	리	반
에	서		축	구	를		제	일	
잘	한	다	.	매	일		점	심	을
먹	고		운	동	장	에	서		축
구		연	습	을		하	는	데	
하	루	도		빼	먹	은		적	이
없	다	.	'	노	력	은		배	신
하	지		않	는	다	'	는		말
이		있	는	데		내		친	구
에	게		딱		맞	는		말	이
다	.								

16일차

국어 교과서 글쓰기 2 〈제안하는 글〉

✎ 다음을 읽고 목적에 맞는 글쓰기 작성법을 익혀 보세요.

제안하는 글은 어떻게 써야 할까?

① 제안하는 내용의 제목을 먼저 쓴다.

② 처음 시작할 때, 어떤 문제가 있는지 자세히 쓴다.

③ 어떻게 해주었으면 하는지 제안 내용을 쓴다.

④ 누구에게 제안하는 것인지 제안 내용을 분명히 밝힌다.

⑤ 마지막에는 자신이 제안하는 까닭을 밝힌다.

제안하는 글은 어떤 일을 더 좋은 쪽으로 해결하기 위해서 자신의 생각을 글로 쓰는 것입니다. '~하면 좋겠습니다', '~합시다'와 같은 형식으로 글을 쓸 수 있습니다. 누구에게 제안하는 것인지, 실제로 이루어질 수 있는 내용인지도 생각해보며 글을 쓰기 바랍니다.

제안하는 글 Q&A

Q. 제안 주제는 어떻게 떠올려야 하나요?

A. 자신이 꼭 주장하고 싶은 것들을 떠올려 보며, 제안하고 싶은 내용을 한 가지 선택합니다. 예를 들어, 길거리에 쓰레기를 버리지 말자, 친구의 별명을 부르지 말자 등의 제안 주제를 떠올릴 수 있습니다.

Q. 누구에게 제안하는 글을 써야 하나요?

A. 문제를 해결할 수 있는 사람에게 제안하는 글을 쓰는 것이 좋습니다. 예를 들어 길거리의 쓰레기가 문제라면 도시의 시장님에게 제안하는 글을 쓸 수 있습니다.

17일차

빈칸 채워가며 글감 찾기

✎ 그림을 보고 우리가 제안할 수 있는 것들을 찾아 글감을 정해 봅시다.

주제: 학교

1. 수업시간에 떠들지 말자.

2. 친구의 별명을 부르지 말자.

3. 교실을 깨끗하게 하자.

4. _____

5. _____

주제: 스마트폰

1. 길에서 스마트폰을 보지 말자.

2. 게임을 오래 하지 말자.

3. 장난전화를 하지 말자.

4. _____

5. _____

17일차

89

정확한 표현으로 제안하는 글 쓰기

✎ 앞서 정리한 글감 가운데 하나를 골라 제안하는 글을 적어 보세요.

제목

17일차

또래 친구가 쓴 글 살펴보기

✎ 친구가 쓴 문장을 한 글자씩 예쁘게 따라 써 보세요.

제목	교문 앞에 쓰레기통을 만들어주세요.

	교	장	선	생	님		안	녕	하
세	요	?		저	는		매	일	
걸	어	서		등	교	를		합	니
다	.	그	런	데		교	문		앞
에		쓰	레	기	가		너	무	
많	습	니	다	.	교	문		앞	에
쓰	레	기	통	을		만	들	어	
주	셨	으	면		좋	겠	습	니	다.
학	교		앞	이		깨	끗	해	지
면		더		기	분		좋	은	
등	굣	길	이		될		것		입
니	다	.							

✏️ 다음을 읽고 목적에 맞는 글쓰기 작성법을 익혀 보세요.

18일차

문장제 답안은 어떻게 써야 할까?

지혜네 학교의 여학생은 ⟨568명⟩이고, 남학생은 ⟨755명⟩입니다. 전교생의 수를 구하고 남학생이 여학생보다 몇 명 더 많은지 구해 보세요.

❶ 문제를 읽고 주어진 것과 구하는 것을 찾는다.

   1) 구하는 것에 밑줄을 치세요.

   2) 주어진 것에 동그라미 표시를 해두세요.

❷ 구해야 하는 것을 나눠서 하나씩 해결해 본다.

   1) 지혜네 학교의 전교생 수를 구해 보세요.

   2) 남학생이 여학생보다 몇 명 더 많은지 뺄셈으로 구해 보세요.

❸ 풀이 과정을 차근차근 정리해 본다.

예시

전교생의 수는 568 + 755 = 1323명 입니다.

남학생의 수에서 여학생의 수를 빼면, 755 − 568 이므로,

남학생이 여학생보다 187명 더 많습니다.

빈칸 채워가며 답안 완성하기

✎ 다음 문제를 보고 빈칸을 채워가며 문제의 풀이를 완성해 보세요.

Q. 놀이공원의 입장료가 어른은 10,000원, 어린이는 5,000원입니다. 어른 4명과 어린이 13명이 함께 입장하려고 합니다. 어른 4명과 어린이 13명의 입장료는 총 얼마일까요?

① 어른의 입장료가 각각 10,000 원씩 4 명이므로,

　총 40,000 원 입니다.

② 어린이의 입장료가 각각 5,000 원씩 13 명이므로,

　총 65,000 원 입니다.

③ 어른과 어린이의 입장료는 40,000 원 + 65,000 원이

　므로, 모두 105,000 원 입니다.

정확한 표현으로 답안 쓰기

✎ 다음 문제에 대한 식을 세우고 풀이 과정을 서술형으로 정리해 보세요.

> **Q**
>
> 하루에 사탕을 325개씩 만드는 공장이 있습니다.
> 만약 이 공장에서 7일 동안 매일 똑같은 사탕을 만든다면,
> 모두 몇 개의 사탕을 만들 수 있는지 구해 보세요.

18일차

또래 친구가 쓴 글 살펴보기

✎ 친구가 쓴 답안을 한 글자씩 따라 써 보세요.

 하루에 사탕을 325개씩 만드는 공장이 있습니다.
만약 이 공장에서 7일 동안 매일 똑같은 사탕을 만든다면,
모두 몇 개의 사탕을 만들 수 있는지 구해 보세요.

하루에 325개씩 7일 동안 만들 수 있는

사탕의 수를 곱셈식을 세워 나타내면

325×7=2,275개입니다.

따라서, 공장에서는 모두 2,275개의 사탕을

만들 수 있습니다.

답 : 2,275개

18일차

사회 교과서 글쓰기 〈논설문〉

✏️ 다음을 읽고 목적에 맞는 글쓰기 작성법을 익혀 보세요.

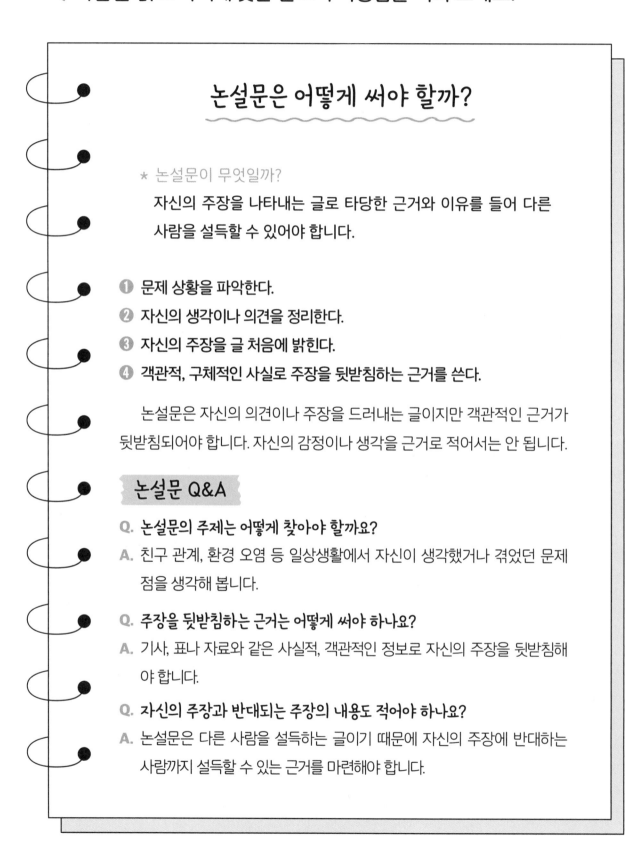

논설문은 어떻게 써야 할까?

★ 논설문이 무엇일까?

자신의 주장을 나타내는 글로 타당한 근거와 이유를 들어 다른 사람을 설득할 수 있어야 합니다.

❶ 문제 상황을 파악한다.
❷ 자신의 생각이나 의견을 정리한다.
❸ 자신의 주장을 글 처음에 밝힌다.
❹ 객관적, 구체적인 사실로 주장을 뒷받침하는 근거를 쓴다.

논설문은 자신의 의견이나 주장을 드러내는 글이지만 객관적인 근거가 뒷받침되어야 합니다. 자신의 감정이나 생각을 근거로 적어서는 안 됩니다.

논설문 Q&A

Q. 논설문의 주제는 어떻게 찾아야 할까요?
A. 친구 관계, 환경 오염 등 일상생활에서 자신이 생각했거나 겪었던 문제점을 생각해 봅니다.

Q. 주장을 뒷받침하는 근거는 어떻게 써야 하나요?
A. 기사, 표나 자료와 같은 사실적, 객관적인 정보로 자신의 주장을 뒷받침해야 합니다.

Q. 자신의 주장과 반대되는 주장의 내용도 적어야 하나요?
A. 논설문은 다른 사람을 설득하는 글이기 때문에 자신의 주장에 반대하는 사람까지 설득할 수 있는 근거를 마련해야 합니다.

빈 칸에 알맞은 표현을 넣고, 이어지는 문장을 자유롭게 완성해 보세요.

주장: 플라스틱 사용을 줄이자.

● 근거

1. 플라스틱은 대부분 일회용으로 사용되어 자원이 낭비된다.

2. 플라스틱은 자연적으로 없어지지 않기 때문에 쌓여서 ＿＿＿＿＿＿＿

＿＿＿＿＿＿＿.

3. 플라스틱을 삼기거나 플라스틱에 목이 걸려 죽는 바다 생물이 많다.

● 정리

- 불편함보다는 환경을 생각하는 마음이 중요하다.

- 비닐봉지 대신 ＿＿＿＿＿ 사용하기

- 일회용 컵 대신 ＿＿＿＿＿ 사용하기

- 플라스틱 빨대 사용하지 않기

정확한 표현으로 글쓰기

✎ 앞서 공부한 내용을 바탕으로 자신만의 논설문을 완성해 보세요.

'스마트폰'을 주제로 논설문을 적어 보세요.

19일차

또래 친구가 쓴 글 살펴보기

✏️ 친구가 쓴 문장을 한 글자씩 따라 써 보세요.

		스	마	트	폰		사	용	을	
줄	여	야		한	다	.	스	마	트	
폰	을		보	느	라		앞	을		
보	지		않	고		걷	다	가		
많	은		사	고	가		일	어	난	
다	.	또	한		친	구	들	과	의	
대	화	에	도		집	중	하	지		
못	해		친	구		관	계	가		
나	빠	진	다	.	스	마	트	폰	을	
지	나	치	게		사	용	하	는		
것	은		문	제	가		될		수	
있	다	.								

19일차

과학 교과서 글쓰기 〈설명문〉

✎ 다음을 읽고 목적에 맞는 글쓰기 작성법을 익혀 보세요.

설명문은 어떻게 써야 할까?

* 설명문이 무엇일까?

설명문은 사실을 알리거나, 정보 전달을 위한 글입니다.

❶ 설명하려는 대상의 정보를 찾는다.

❷ 설명하려는 대상을 밝힌다.

❸ 마지막으로 중요한 부분을 강조하거나 요약한다.

❹ 읽는 사람이 이해하기 쉽게 쓴다.

설명문은 있는 그대로의 사실을 적어야 하며 확인되지 않은 것은 적어서는 안
됩니다. 또한 자신의 주장이 들어가서는 안 됩니다.

설명문 Q&A

Q. 설명할 대상의 정보를 어떻게 찾아야 할까요?

A. 자신이 잘 알고 있는 내용이나 사람들이 궁금해하는 설명 대상을 찾습니다.
주제에 맞는 정보를 인터넷 검색, 백과사전을 통해 찾거나 선생님, 전문가
의견 등을 들을 수 있습니다.

Q. 설명 대상을 어떻게 자세히 써야 하나요?

A. 그림을 그리듯이 묘사하거나, 쉬운 예시 혹은 대상과 다른 대상의 공통점과
차이점을 밝혀서 작성하는 방법이 있습니다.

Q. 읽는 사람이 이해하기 쉬운 글은 어떻게 쓰나요?

A. 짧은 문장으로 쉬운 단어를 이용해 대상에 대해 구체적으로 작성합니다.

익힘 2 ▶ 빈칸 채워가며 문장력 기르기

✎ 빈 칸에 알맞은 표현을 넣고, 이어지는 문장을 자유롭게 완성해 보세요.

남극의 펭귄

지구의 남쪽 끝 남극 대륙은 두꺼운 얼음과 눈으로 덮여 있고 춥기 때문에

식물이나 사람이 살기 힘들다. 그러나 펭귄은 _____

_____. 펭귄 몸의 털은 긴털과 짧은 털이 이중으로 되어있고 방수

기능도 있기 때문이다.

펭귄은 날개가 있는 새지만, 날개가 단단하고 작게 변했기 때문에 ___

_____. 땅 위에서 걸어 다니지만 물 속에서는 빠르게 헤엄칠 수 있

다. 주로 바닷가에 살며 작은 물고기나 오징어 등을 먹는다.

✎ 앞서 공부한 내용을 바탕으로 설명문을 완성해 보세요.

'사막의 낙타'를 주제로 설명문을 적어 보세요.

또래 친구가 쓴 글 살펴보기

✎ 친구가 쓴 문장을 한 글자씩 따라 써 보세요.

	사	막	의		낙	타	

	사	막	은		낮	과		밤	의
온	도		차	이	가		크	고	
비	가		조	금		내	린	다	.
낙	타	는		오	랜		기	간	
물	을		마	시	지		않	고	도
살		수		있	어	서		건	조
한		사	막	에	서	도		잘	
지	낸	다	.	등	에		혹	은	
지	방	이		쌓	여		있	어	서
먹	이	가		부	족	해	도		영
양	분	이		되	어	준	다	.	

Part 3

부모님과
선생님이
함께 보는
쓰기력 지도법

국어교과서

 생활문을 쓰는 방법에 대해 지도하기

1) ○○이가 최근 일주일 동안 경험한 일 중 가장 기억에 남는 일은
   무엇이 있을까?
2) 학교생활이나 가족들끼리 있었던 일 중에 기억에 남는 주제들을
   생각나는 대로 정리해 볼까?
3) 그 중 어떤 주제에 대해 생활문을 쓰고 싶은지 정해 보자.
4) 주제에 대해 어떤 감정을 느꼈는지 나의 느낀 점을 적어 볼까?
5) 이제 친구의 글을 읽어보고 나만의 생활문을 만들어 볼까?

 제안하는 글을 쓰는 방법에 대해 지도하기

1) 평소 제안하고 싶었던 주제는 뭐가 있는지 생각해 볼까?
2) 누구에게 이 내용을 제안할 수 있을지 생각해 보자.
3) 이 문제를 해결하려면 어떤 해결 방법이 있을까?
4) 문제를 해결했을 때 어떤 점이 좋을지도 생각해 보자.
5) 이제 한 가지 주제를 정해서 제안하는 글을 적어 보자.

수학교과서

문장제 수학 답안을 쓰는 방법에 대해 지도하기

1) 문제를 읽고 구하는 것이 무엇인지 정리해 볼까?

2) 어른과 어린이의 입장료가 각각 얼마인지 확인해 볼까?

3) 어른과 어린이는 각각 몇 명인지 확인해 볼까?

4) 어른의 입장료와 인원을 곱하고 어린이의 입장료와 인원을 곱해서
   값을 구해 볼까?

5) 어른과 어린이의 전체 입장료를 계산해 볼까?

문장제 수학 답안을 쓰는 방법에 대해 지도하기

1) 문제를 읽고 구하는 것이 무엇인지 정리해 볼까?

2) 공장에서 하루에 만들 수 있는 사탕이 몇 개인지 확인해 볼까?

3) 매일 똑같은 개수의 사탕을 만들 수 있다는 점을 꼼꼼히 확인해 보자.

4) 며칠 동안 사탕을 만들 수 있는지 확인해 볼까?

5) 하루에 만들 수 있는 사탕의 개수와 만들 수 있는 날짜를 곱해 값을 구해 볼까?

✏️ 논설문을 쓰는 방법에 대해 지도하기

1) ○○이가 뉴스를 보거나 일상생활에서 문제라고 생각한 것이
   있다면 무엇일까?
2) ○○이가 주장하고 싶은 내용을 분명하게 정리해 보자.
3) ○○이가 그러한 주장을 하는 이유는 무엇인지 생각해 보자.
4) 다른 생각을 가지고 있는 사람은 어떤 주장을 할 수 있을까?

✏️ 설명문을 쓰는 방법에 대해 지도하기

1) ○○이가 교과서나 책을 읽으면서 평소에 관심이 있었던 대상이나
   잘 알고 있는 대상이 무엇이 있을까?
2) 설명하기 위한 대상의 정보를 책이나 인터넷 검색으로 찾아보자.
3) 설명 대상의 특징에는 어떤 것이 있을까?
4) 어떻게 설명해야 다른 사람이 00이의 글을 이해하기 쉬울까?

18쪽

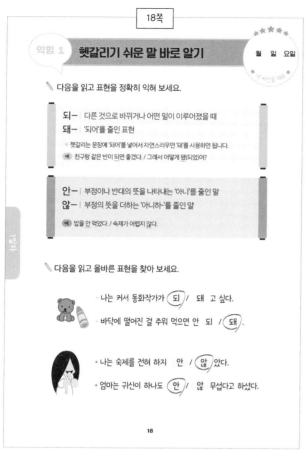

익힘 1 헷갈리기 쉬운 말 바로 알기

월 일 요일

다음을 읽고 표현을 정확히 익혀 보세요.

되― 다른 것으로 바뀌거나 어떤 일이 이루어졌을 때
돼― '되어'를 줄인 표현

★ 헷갈리는 문장에 '되어'를 넣어서 자연스러우면 '돼'를 사용하면 됩니다.
예 친구랑 같은 반이 되면 좋겠다. / 그래서 어떻게 됐(되었)어?

안― 부정이나 반대의 뜻을 나타내는 '아니'를 줄인 말
않― 부정의 뜻을 더하는 '아니하'를 줄인 말

예 밥을 안 먹었다. / 숙제가 어렵지 않다.

다음을 읽고 올바른 표현을 찾아 보세요.

· 나는 커서 동화작가가 (되)/ 돼 고 싶다.
· 바닥에 떨어진 걸 주워 먹으면 안 되 / (돼).

· 나는 숙제를 전혀 하지 안 / (않) 았다.
· 엄마는 귀신이 하나도 (안)/ 않 무섭다고 하셨다.

18

19쪽

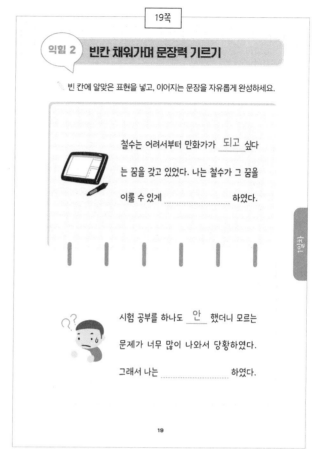

익힘 2 빈칸 채워가며 문장력 기르기

빈 칸에 알맞은 표현을 넣고, 이어지는 문장을 자유롭게 완성하세요.

철수는 어려서부터 만화가가 **되고 싶다**
는 꿈을 갖고 있었다. 나는 철수가 그 꿈을
이룰 수 있게 _____ 하였다.

시험 공부를 하나도 **안** 했더니 모르는
문제가 너무 많이 나와서 당황하였다.
그래서 나는 _____ 하였다.

19

22쪽

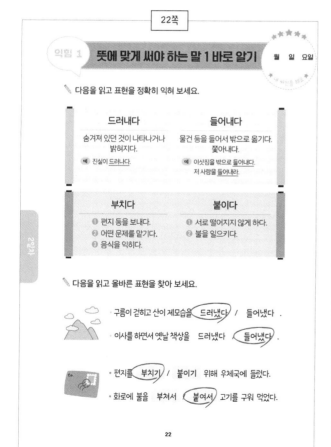

익힘 1 뜻에 맞게 써야 하는 말 1 바로 알기

월 일 요일

다음을 읽고 표현을 정확히 익혀 보세요.

드러내다	들어내다
숨겨져 있던 것이 나타나거나 밝혀지다.	물건 등을 들어서 밖으로 옮기다. 쫓아내다.
예 진실이 드러난다.	예 이삿짐을 밖으로 들어내다. 저 사람을 들어내라.

부치다	붙이다
❶ 편지 등을 보내다. ❷ 어떤 문제를 맡기다. ❸ 음식을 익히다.	❶ 서로 떨어지지 않게 하다. ❷ 불을 일으키다.

다음을 읽고 올바른 표현을 찾아 보세요.

· 구름이 걷히고 산이 제모습을 (드러냈다)/ 들어냈다
· 이사를 하면서 옛날 책상을 드러냈다 / (들어냈다)

· 편지를 (부치기)/ 붙이기 위해 우체국에 들렀다.
· 화로에 불을 부쳐서 (붙여서) 고기를 구워 먹었다.

22

23쪽

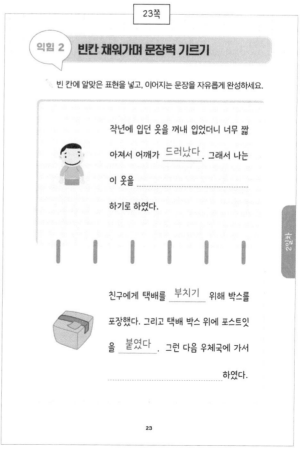

익힘 2 빈칸 채워가며 문장력 기르기

빈 칸에 알맞은 표현을 넣고, 이어지는 문장을 자유롭게 완성하세요.

작년에 입던 옷을 꺼내 입었더니 너무 짧
아져서 어깨가 **드러났다**. 그래서 나는
이 옷을 _____
하기로 하였다.

친구에게 택배를 **부치기** 위해 박스를
포장했다. 그리고 택배 박스 위에 포스트잇
을 **붙였다**. 그런 다음 우체국에 가서
_____ 하였다.

23

26쪽

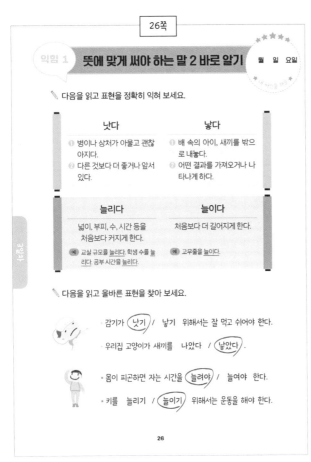

익힘 1 | 뜻에 맞게 써야 하는 말 2 바로 알기   월 일 요일

✎ 다음을 읽고 표현을 정확히 익혀 보세요.

낫다
① 병이나 상처가 아물고 괜찮아지다.
② 다른 것보다 더 좋거나 앞서 있다.

낳다
① 배 속의 아이, 새끼를 밖으로 내놓다.
② 어떤 결과를 가져오거나 나타나게 하다.

늘리다
넓이, 부피, 수, 시간 등을 처음보다 커지게 한다.
예) 교실 규모를 늘리다. 학생 수를 늘리다. 공부 시간을 늘리다.

늘이다
처음보다 더 길어지게 한다.
예) 고무줄을 늘이다.

✎ 다음을 읽고 올바른 표현을 찾아 보세요.

• 감기가 (낫기) / 낳기 위해서는 잘 먹고 쉬어야 한다.
• 우리집 고양이가 새끼를 나았다 / (낳았다).

• 몸이 피곤하면 자는 시간을 (늘려야) / 늘여야 한다.
• 키를 (늘리기) / 늘이기 위해서는 운동을 해야 한다.

26

27쪽

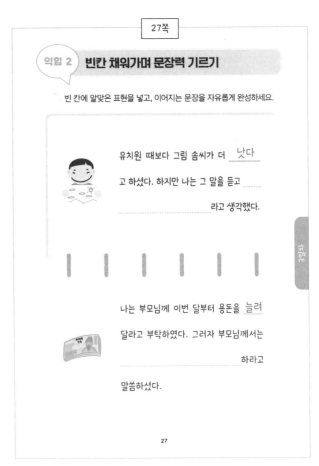

익힘 2 | 빈칸 채워가며 문장력 기르기

빈 칸에 알맞은 표현을 넣고, 이어지는 문장을 자유롭게 완성하세요.

유치원 때보다 그림 솜씨가 더 낫다 고 하셨다. 하지만 나는 그 말을 듣고 _____ 라고 생각했다.

나는 부모님께 이번 달부터 용돈을 늘려 달라고 부탁하였다. 그러자 부모님께서는 _____ 하라고 말씀하셨다.

27

30쪽

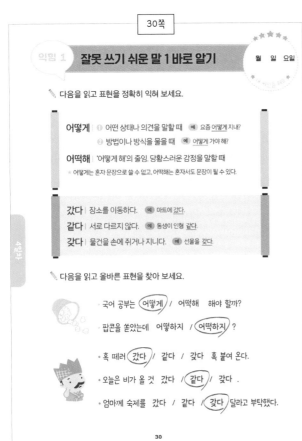

익힘 1 | 잘못 쓰기 쉬운 말 1 바로 알기   월 일 요일

✎ 다음을 읽고 표현을 정확히 익혀 보세요.

어떻게 ① 어떤 상태나 의견을 말할 때 예) 요즘 어떻게 지내?
② 방법이나 방식을 물을 때 예) 어떻게 가야 해?
어떡해 '어떻게 해'의 줄임. 당황스러운 감정을 말할 때
• 어떻게는 혼자 문장으로 쓸 수 없고, 어떡해는 혼자서도 문장이 될 수 있다.

갔다 장소를 이동하다. 예) 마트에 갔다.
같다 서로 다르지 않다. 예) 동생이 인형 같다.
갖다 물건을 손에 쥐거나 지니다. 예) 선물을 갖다.

✎ 다음을 읽고 올바른 표현을 찾아 보세요.

• 국어 공부는 (어떻게) / 어떡해 해야 할까?
• 팝콘을 쏟았는데 어떻하지 / (어떡하지)?

• 혹 떼러 (갔다) / 같다 / 갖다 혹 붙여 온다.
• 오늘은 비가 올 것 갔다 / (같다) / 갖다.
• 엄마께 숙제를 갔다 / 같다 / (갖다) 달라고 부탁했다.

30

31쪽

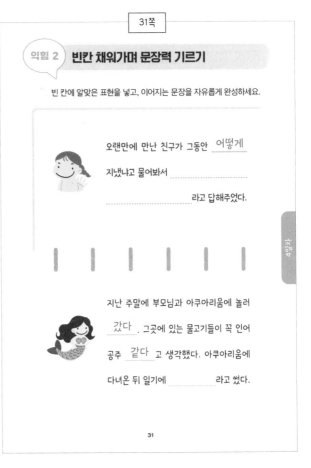

익힘 2 | 빈칸 채워가며 문장력 기르기

빈 칸에 알맞은 표현을 넣고, 이어지는 문장을 자유롭게 완성하세요.

오랜만에 만난 친구가 그동안 어떻게 지냈냐고 물어봐서 _____ 라고 답해주었다.

지난 주말에 부모님과 아쿠아리움에 놀러 갔다. 그곳에 있는 물고기들이 꼭 인어 공주 같다 고 생각했다. 아쿠아리움에 다녀온 뒤 일기에 _____ 라고 썼다.

31

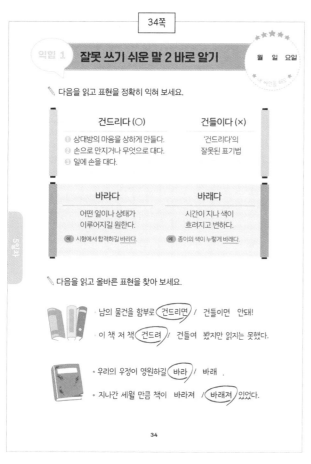

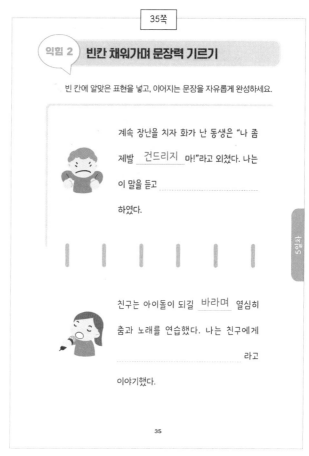

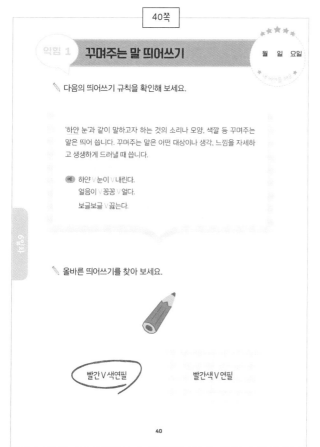

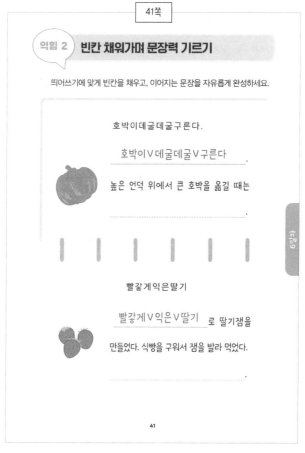

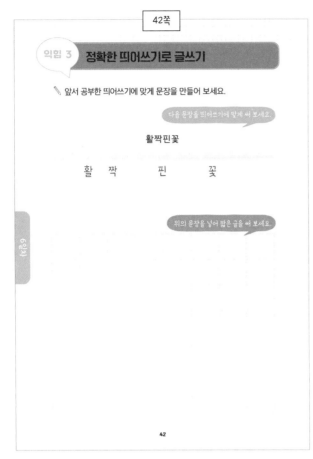

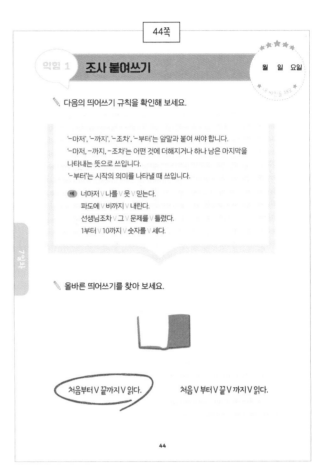

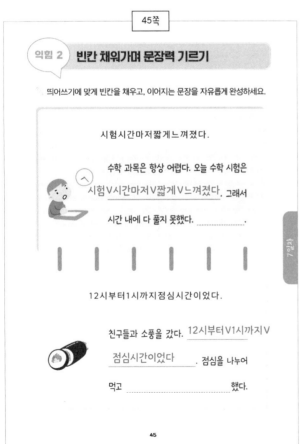

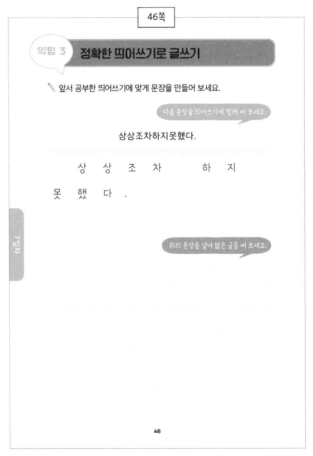

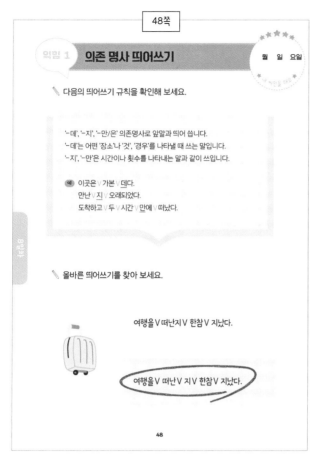

익힘 1 의존 명사 띄어쓰기

월 일 요일

다음의 띄어쓰기 규칙을 확인해 보세요.

'-데', '-지', '-만/은' 의존명사로 앞말과 띄어 씁니다.
'-데'는 어떤 '장소'나 '것', '경우'를 나타낼 때 쓰는 말입니다.
'-지', '-만'은 시간이나 횟수를 나타내는 말과 같이 쓰입니다.

예 이곳은∨가본∨데다.
만난∨지∨오래되었다.
도착하고∨두∨시간∨만에∨떠났다.

올바른 띄어쓰기를 찾아 보세요.

여행을∨떠난지∨한참∨지났다.

여행을∨떠난∨지∨한참∨지났다.

48

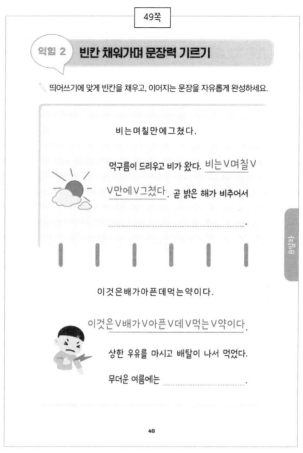

익힘 2 빈칸 채워가며 문장력 기르기

띄어쓰기에 맞게 빈칸을 채우고, 이어지는 문장을 자유롭게 완성하세요.

비는 며칠만에 그쳤다.

먹구름이 드리우고 비가 왔다. 비는∨며칠∨
∨만에∨그쳤다. 곧 밝은 해가 비추어서

_____.

이것은 배가아픈데 먹는 약이다.

이것은∨배가∨아픈∨데∨먹는∨약이다.

상한 우유를 마시고 배탈이 나서 먹었다.

무더운 여름에는 _____.

49

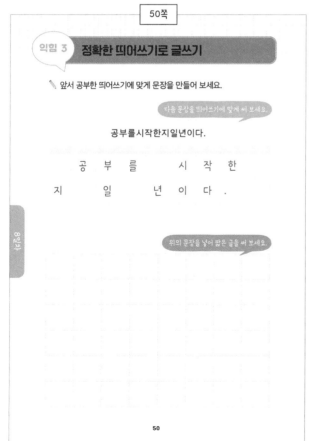

익힘 3 정확한 띄어쓰기로 글쓰기

앞서 공부한 띄어쓰기에 맞게 문장을 만들어 보세요.

다음 문장을 띄어쓰기에 맞게 써 보세요.

공부를 시작한지일년이다.

공	부	를			시	작	한
지		일		년	이	다	.

위의 문장을 넣어 짧은 글을 써 보세요.

50

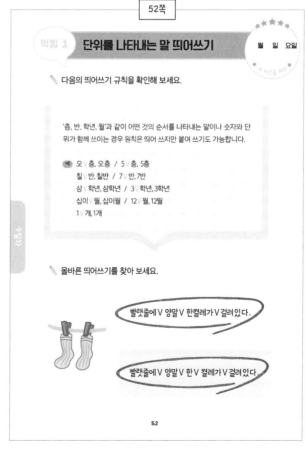

익힘 1 단위를 나타내는 말 띄어쓰기

월 일 요일

다음의 띄어쓰기 규칙을 확인해 보세요.

'층, 반, 학년, 월'과 같이 어떤 것의 순서를 나타내는 말이나 숫자와 단위가 함께 쓰이는 경우 원칙은 띄어 쓰지만 붙여 쓰기도 가능합니다.

예 오∨층, 오층 / 5∨층, 5층
칠∨반, 칠반 / 7∨반, 7반
삼∨학년, 삼학년 / 3∨학년, 3학년
십이∨월, 십이월 / 12∨월, 12월
1∨개, 1개

올바른 띄어쓰기를 찾아 보세요.

빨랫줄에∨양말∨한컬레가∨걸려있다.

빨랫줄에∨양말∨한∨컬레가∨걸려있다.

52

53쪽

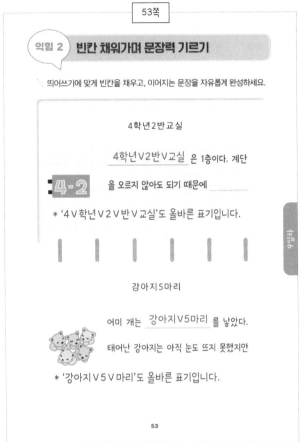

익힘 2 빈칸 채워가며 문장력 기르기

✎ 띄어쓰기에 맞게 빈칸을 채우고, 이어지는 문장을 자유롭게 완성하세요.

4학년 2반 교실

4학년∨2반∨교실 은 1층이다. 계단

4-2 을 오르지 않아도 되기 때문에 _____

* '4∨학년∨2∨반∨교실'도 올바른 표기입니다.

ㅣ ㅣ ㅣ ㅣ ㅣ ㅣ

강아지 5마리

어미 개는 강아지∨5마리 를 낳았다.

태어난 강아지는 아직 눈도 뜨지 못했지만

* '강아지∨5∨마리'도 올바른 표기입니다.

53

54쪽

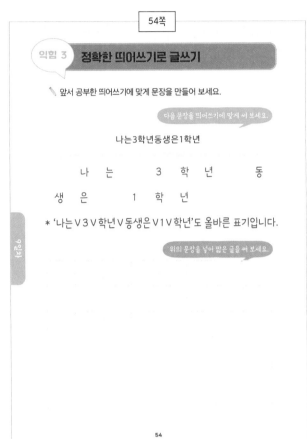

익힘 3 정확한 띄어쓰기로 글쓰기

✎ 앞서 공부한 띄어쓰기에 맞게 문장을 만들어 보세요.

다음 문장을 띄어쓰기에 맞게 써 보세요.

나는 3학년 동생은 1학년

| 나 | 는 | | | 3 | 학 | 년 | | 동 |
| 생 | 은 | | | 1 | 학 | 년 | | |

* '나는∨3∨학년∨동생은∨1∨학년'도 올바른 표기입니다.

위의 문장을 넣어 짧은 글을 써 보세요.

54

56쪽

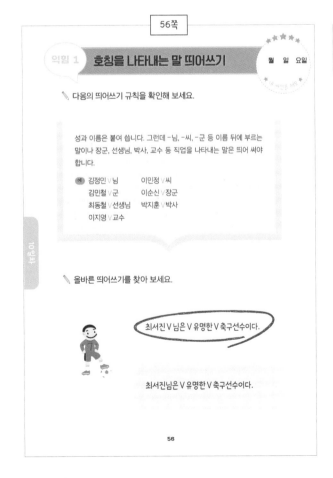

익힘 1 호칭을 나타내는 말 띄어쓰기

★★★★★
월 일 요일

✎ 다음의 띄어쓰기 규칙을 확인해 보세요.

성과 이름은 붙여 씁니다. 그런데 -님, -씨, -군 등 이름 뒤에 부르는 말이나 장군, 선생님, 박사, 교수 등 직업을 나타내는 말은 띄어 써야 합니다.

예 김정민∨님 이민정∨씨
김민철∨군 이순신∨장군
최동철∨선생님 박지훈∨박사
이지영∨교수

✎ 올바른 띄어쓰기를 찾아 보세요.

최서진∨님은∨유명한∨축구선수이다.

최서진님은∨유명한∨축구선수이다.

56

57쪽

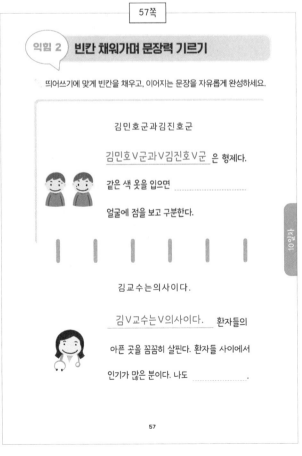

익힘 2 빈칸 채워가며 문장력 기르기

✎ 띄어쓰기에 맞게 빈칸을 채우고, 이어지는 문장을 자유롭게 완성하세요.

김민호군과 김진호군

김민호∨군과∨김진호∨군 은 형제다.

같은 색 옷을 입으면 _____

얼굴에 점을 보고 구분한다.

ㅣ ㅣ ㅣ ㅣ ㅣ ㅣ

김교수는 의사이다.

김∨교수는∨의사이다. 환자들의

아픈 곳을 꼼꼼히 살핀다. 환자들 사이에서

인기가 많은 분이다. 나도 _____ .

57

114

58쪽

익힘 3 **정확한 띄어쓰기로 글쓰기**

✎ 앞서 공부한 띄어쓰기에 맞게 문장을 만들어 보세요.

💬 다음 문장을 띄어쓰기에 맞게 써 보세요.

박민정양은수영을잘한다.

	박	민	정		양	은		수
영	을			잘	한	다	.	

💬 위의 문장을 넣어 짧은 글을 써 보세요.

10일차

58

62쪽

익힘 1 **속담 바로 알기 1**

월 일 요일

✎ 다음을 읽고 속담의 뜻을 정확히 익혀 보세요.

> **도둑이 제 발 저린다**
>
> 잘못을 저지른 사람이 자기 잘못을 들키게 될까 긴장하여, 자기도 모르게 잘못을 드러내고 마는 것을 이르는 말입니다.

> **꼬리가 길면 밟힌다**
>
> 한두 번은 남들 모르게 나쁜 짓을 할 수 있으나 오랫동안 계속하면 결국 들킨다는 뜻입니다.

✎ 다음을 읽고 올바른 표현을 적어 보세요.

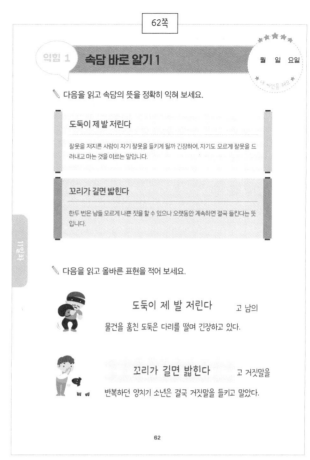

도둑이 제 발 저린다 고 남의
물건을 훔친 도둑은 다리를 떨며 긴장하고 있다.

꼬리가 길면 밟힌다 고 거짓말을
반복하던 양치기 소년은 결국 거짓말을 들키고 말았다.

11일차

62

63쪽

익힘 2 **빈칸 채워가며 문장력 기르기**

✎ 빈 칸에 알맞은 속담을 넣고, 이어지는 문장을 자유롭게 완성하세요.

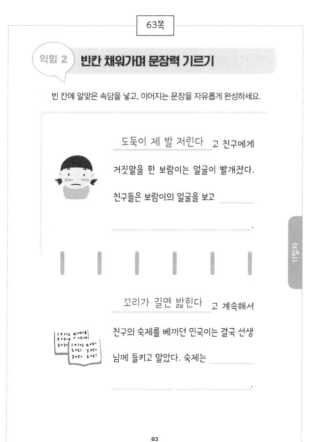

도둑이 제 발 저린다 고 친구에게
거짓말을 한 보람이는 얼굴이 빨개졌다.
친구들은 보람이의 얼굴을 보고 _____

_____ .

꼬리가 길면 밟힌다 고 계속해서
친구의 숙제를 베끼던 민국이는 결국 선생
님께 들키고 말았다. 숙제는 _____

_____ .

11일차

63

66쪽

익힘 1 **속담 바로 알기 2**

월 일 요일

✎ 다음을 읽고 속담의 뜻을 정확히 익혀 보세요.

> **티끌 모아 태산**
>
> 티끌은 티와 먼지라는 뜻으로, 먼지가 쌓여 큰 산이 되듯이 아무리 작은 것이라도 모으면 큰 것이 된다는 의미입니다.

> **구르는 돌에는 이끼가 끼지 않는다**
>
> 물가에 있는 돌에는 이끼가 끼어있죠. 그러나 구르는 돌에는 이끼가 낄 수가 없습니다. 부지런하고 꾸준히 노력하는 사람은 머물러있지 않고 계속 발전한다는 의미입니다.

✎ 다음을 읽고 올바른 표현을 적어 보세요.

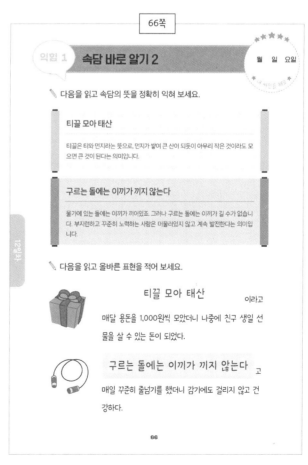

티끌 모아 태산 이라고
매달 용돈을 1,000원씩 모았더니 나중에 친구 생일 선
물을 살 수 있는 돈이 되었다.

구르는 돌에는 이끼가 끼지 않는다 고
매일 꾸준히 줄넘기를 했더니 감기에도 걸리지 않고 건
강하다.

12일차

66

67쪽

💬 **익힘 2** 빈칸 채워가며 문장력 기르기

✏️ 빈 칸에 알맞은 속담을 넣고, 이어지는 문장을 자유롭게 완성하세요.

티끌 모아 태산 이라고 한 사람 한 사람의 머리카락을 모아 아픈 친구들에게 _____.

구르는 돌에는 이끼가 끼지 않는다 고 넘어져도 다시 일어서서 연습하던 영호는 유명한 스케이트 선수가 되었다. 쉽게 포기하지 않고 _____.

67

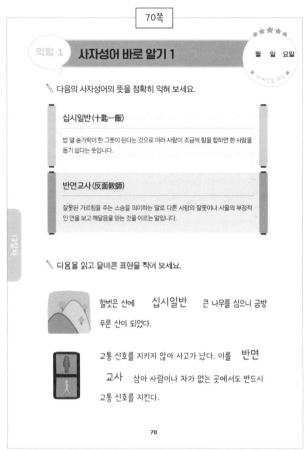

70쪽

💬 **익힘 1** 사자성어 바로 알기 1

★★★★
월 일 요일

✏️ 다음의 사자성어의 뜻을 정확히 익혀 보세요.

십시일반 (十匙一飯)

밥 열 숟가락이 한 그릇이 된다는 것으로 여러 사람이 조금씩 힘을 합하면 한 사람을 돕기 쉽다는 뜻입니다.

반면교사 (反面敎師)

잘못된 가르침을 주는 스승을 의미하는 말로 다른 사람의 잘못이나 사물의 부정적인 면을 보고 깨달음을 얻는 것을 이르는 말입니다.

✏️ 다음을 읽고 올바른 표현을 적어 보세요.

헐벗은 산에 **십시일반** 큰 나무를 심으니 금방 푸른 산이 되었다.

교통 신호를 지키지 않아 사고가 났다. 이를 **반면교사** 삼아 사람이나 차가 없는 곳에서도 반드시 교통 신호를 지킨다.

70

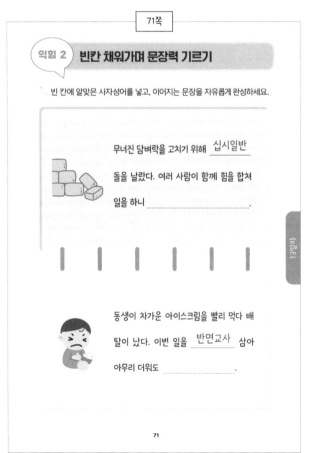

71쪽

💬 **익힘 2** 빈칸 채워가며 문장력 기르기

✏️ 빈 칸에 알맞은 사자성어를 넣고, 이어지는 문장을 자유롭게 완성하세요.

무너진 담벼락을 고치기 위해 **십시일반** 돌을 날랐다. 여러 사람이 함께 힘을 합쳐 일을 하니 _____.

동생이 차가운 아이스크림을 빨리 먹다 배탈이 났다. 이번 일을 **반면교사** 삼아 아무리 더워도 _____.

71

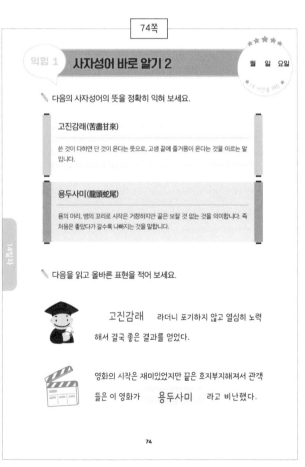

74쪽

💬 **익힘 1** 사자성어 바로 알기 2

★★★★
월 일 요일

✏️ 다음의 사자성어의 뜻을 정확히 익혀 보세요.

고진감래 (苦盡甘來)

쓴 것이 다하면 단 것이 온다는 뜻으로, 고생 끝에 즐거움이 온다는 것을 이르는 말입니다.

용두사미 (龍頭蛇尾)

용의 머리, 뱀의 꼬리로 시작은 거창하지만 끝은 보잘 것 없는 것을 의미합니다. 즉 처음은 좋았다가 갈수록 나빠지는 것을 말합니다.

✏️ 다음을 읽고 올바른 표현을 적어 보세요.

고진감래 라더니 포기하지 않고 열심히 노력해서 결국 좋은 결과를 얻었다.

영화의 시작은 재미있었지만 끝은 흐지부지해져서 관객들은 이 영화가 **용두사미** 라고 비난했다.

74

75쪽

익힘 2 **빈칸 채워가며 문장력 기르기**

✎ 빈 칸에 알맞은 사자성어를 넣고, 이어지는 문장을 자유롭게 완성하세요.

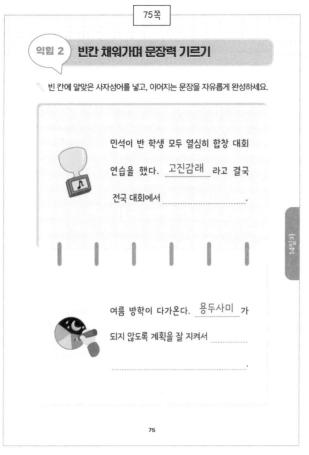

민석이 반 학생 모두 열심히 합창 대회 연습을 했다. 고진감래 라고 결국 전국 대회에서 _____.

여름 방학이 다가온다. 용두사미 가 되지 않도록 계획을 잘 지켜서 _____ _____.

75

78쪽

익힘 1 **관용어 바로 알기**

월 일 요일

✎ 다음을 읽고 관용어를 정확히 익혀 보세요.

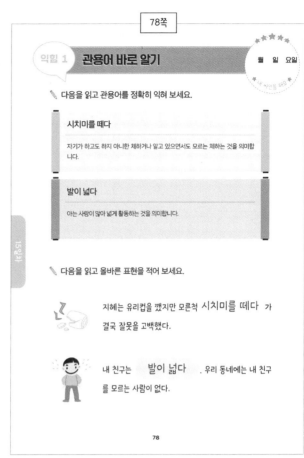

시치미를 떼다

자기가 하고도 아니한 체하거나 알고 있으면서도 모르는 체하는 것을 의미합니다.

발이 넓다

아는 사람이 많아 넓게 활동하는 것을 의미합니다.

✎ 다음을 읽고 올바른 표현을 적어 보세요.

지혜는 유리컵을 깼지만 모른척 시치미를 떼다 가 결국 잘못을 고백했다.

내 친구는 발이 넓다 . 우리 동네에는 내 친구를 모르는 사람이 없다.

78

79쪽

익힘 2 **빈칸 채워가며 문장력 기르기**

✎ 빈 칸에 알맞은 표현을 넣고, 이어지는 문장을 자유롭게 완성하세요.

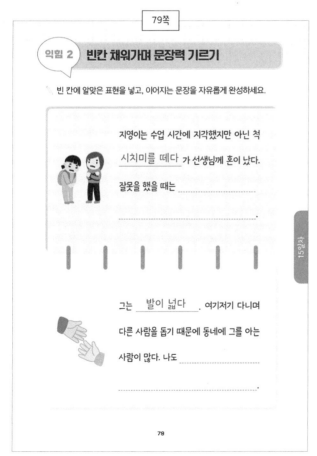

지영이는 수업 시간에 지각했지만 아닌 척 시치미를 떼다 가 선생님께 혼이 났다. 잘못을 했을 때는 _____ _____.

그는 발이 넓다 . 여기저기 다니며 다른 사람을 돕기 때문에 동네에 그를 아는 사람이 많다. 나도 _____ _____.

79

117